素人手記

卒業の時には、蜜内で出してね――
春の一期一会絶頂体験記

竹書房文庫

第一章

一期一会に乱れ燃えて

上司と恋人、新入社員の私を見舞った変形3P快感ー！……12
投稿者 柳原真由（仮名）／23歳／OL

あおり運転危機一髪からの思わぬ示談エクスタシーー！……19
投稿者 村瀬ゆかり（仮名）／28歳／パート主婦

水中SEXで生まれて初めての真のオーガズム体験！……26
投稿者 荒木里紗（仮名）／30歳／漫画家

未亡人の私にぶつけられた亡き夫の同僚からの熱き欲望……32
投稿者 柳本はるか（仮名）／38歳／無職

憧れの店長との最初で最後の悶絶エクスタシー関係……39
投稿者 内藤良美（仮名）／23歳／フリーター

真夏の昼下がりに私を襲った灼熱のレイプ・オーガズム …… 46
投稿者 坂井真琴（仮名）／31歳／専業主婦

とことん刺激的で忘れがたい幻のハプバー快感体験 …… 52
投稿者 江尻美由紀（仮名）／27歳／ＯＬ

ようやく就職した先で味わった衝撃の5Pカイカン！ …… 58
投稿者 飯島さゆみ（仮名）／33歳／会社員

第二章

一期一会に濡れ悶えて

憧れの外科医を誘惑し、その精液をむさぼり受けた私！ …… 66
投稿者 武庫川愛菜（仮名）／26歳／看護師

傷心旅行の温泉宿で味わった感動のアバンチュール快感！ …… 73
投稿者 草薙梨花（仮名）／24歳／OL

夜の公園トイレでの壁穴越しセックスの快感に溺れて！ …… 80
投稿者 野中萌絵（仮名）／32歳／専業主婦

女子高同窓会で味わった驚愕のレズビアン・エクスタシー …… 86
投稿者 葛西ひより（仮名）／28歳／美容師

スーパー倉庫の薄暗い静寂を震わす魅惑の視察カイカン …… 93
投稿者 三沢あゆみ（仮名）／36歳／パート主婦

カラダでタクシー代を支払った真夜中の快感アクシデント……100
投稿者 小峰麗奈（仮名）／23歳／OL

料理教室のイケメン先生に美味しく激しく調理されて！……106
投稿者 貴島比呂香（仮名）／29歳／OL

元カレのセールスマンと十年ぶりの大満足再会セックス……114
投稿者 野島エリカ（仮名）／34歳／専業主婦

第三章 一期一会に喘ぎ狂って

アダルトグッズの実演販売プレイで人生最高オーガズム……120
投稿者 黒田まりえ（仮名）／36歳／専業主婦

夫との別居中に年下アスリート男子と楽しんだ超タフH……127
投稿者 柊あずさ（仮名）／27歳／OL

通勤電車での痴漢プレイは思い出の惜別エクスタシー？……133
投稿者 仲間恵美子（仮名）／31歳／パート主婦

ゆきずりのナンパ3P快感で大満足の休日をすごして……139
投稿者 大石静香（仮名）／26歳／ショップ店員

過去を隠して生きる私を追いかけてきた激震脅迫快感！……146
投稿者 脇田可奈子（仮名）／34歳／塾講師

老練な快感バイブレーションに激しく昇天してしまって……153
投稿者 吉沢秋穂（仮名）／32歳／専業主婦

昔の片想い相手の入院患者に逆夜這いする淫乱看護師長……159
投稿者 小堺香苗（仮名）／四十歳／看護師

若い男性教師に教えられた相互オナニープレイの禁断快感……166
投稿者 浜口りんか（仮名）／24歳／ＯＬ

第四章 一期一会に酔い溺れて

アルバイト大学生の送別会で童貞肉棒を美味しく味わって……172
投稿者 倉木遼子（仮名）／31歳／パート主婦

幼なじみの彼女に乞われ処女を奪ってしまった私！……178
投稿者 敷島かなえ（仮名）／21歳／大学生

レイプ&ロスト・ヴァージンの衝撃カイカン体験！……185
投稿者 村瀬直子（仮名）／33歳／OL

女友達とそのセフレとの3P快感で昇天してしまった私！……191
投稿者 渡瀬潤子（仮名）／27歳／専業主婦

催眠セックスの驚愕カイカンにたまらず昇天！……199
投稿者 柿沼美理（仮名）／35歳／パート主婦

勤務最後の日に課長と交わった思い出作りエクスタシー……205
投稿者 真壁ゆうか（仮名）／24歳／派遣社員

息子の進学のためにブサイク教師に肉体奉仕する淫ら母心……210
投稿者 笠山美紗子（仮名）／38歳／専業主婦

リストラ判定人の肉奴隷になって仕事を死守した私！……218
投稿者 岡田香澄（仮名）／30歳／デパート勤務

第一章

一期一会に乱れ燃えて

■私は無我夢中でペニスをしゃぶり、あろうことか自分で自分のアソコをいじって……

上司と恋人、新入社員の私を見舞った変形3P快感！

投稿者 柳原真由（仮名）／23歳／OL

一浪して苦労の末に志望大学に合格し、この春に卒業。ずっと憧れだった大手IT企業に就職することができました。

そして、これも希望どおりに、皆が行きたがる企画開発部に配属されることになり、私はもう気力満々、日々張り切って仕事に打ち込むことができました。

しかも！ すぐに同期の新卒男性社員の卓也と親しくなったのですが、あっという間に恋人同士としてつきあうことになって……卓也ってば、他の同僚女子も皆憧れるような素敵男子だったものですから、私、もうこの世の春とばかりに浮かれまくっちゃってたんです。ちなみにもちろん、同期といえども私は一浪の身ということで、彼は一つ年下。そんな弟感がまた、たまらなく可愛くって。

そんなふうに、仕事は大変ですごく疲れるけど、私は公私ともにそれを補って余りある充実感に満ちた日々を送っていたんです。

ところが、天国から地獄へ突き落とされる日は、突然にやってきました。

その日は金曜ということで、終業後、私と卓也は一緒に晩ごはんを食べる約束をしていました。そしてそのあとは、もちろん卓也の部屋に行って一晩中ムフフ……と、私は夕方の四時頃になると、もうソワソワ、ウズウズと、心もカラダも浮足立ってしまい、どうにも落ち着かない有様でした。

そして七時少し過ぎ、私は卓也と約束したイタリアンの店へと足早に向かいました。遠目に彼の顔が見えた瞬間、私は喜び勇んで笑顔で手を上げ……たのですが、思わぬ事態に、一瞬固まってしまいました。

なんと、そのテーブルにいたのは卓也だけではなく、私たち企画開発部の部長補佐・高木さん（三十六歳）もいて、にこやかな笑みを私に向けていたのです。

（えっ、どういうこと？　なんでここに高木さんが……？）

私もなんとか無理やり笑顔を作りながらテーブルに向かったのですが、

「あの、ところで今日はどうしてここに高木さんが……？」

と、やんわりしたかんじではありますが、訊ねないわけにはいきませんでした。

「ん？　いやなに、たまにはこういうのもいいかと思ってね。ほら、もちろん今日は私のおごりだよ！　二人とも好きなだけ飲み食いしていいからね！」

でも、そんなかんじで高木さんはまともに答えてはくれず、卓也のほうも私がにらむような目を向けても、ただ力ない笑みを浮かべるだけでした。

結局、そんなふうに食事は終わり、九時頃から私たち三人はこじんまりとしたＢＡＲへと河岸を変えました。

そしてそこでついに、今日なぜ高木さんが一緒にいるのかを知らされたのです。

実は卓也ったら、取引先との打ち合わせ接待費と称して、会社の経費を私的に使い込んでいたらしく、そのことが今日まさに発覚し、高木さんの知るところとなったというのです。そう、卓也は公金横領に手を染めていたんです。

そういえば、彼は私と同期ならばまだそれほど給料も多くないはずなのに、いつもデート代は全部出してくれて、申し訳なく思いながらも、実家がリッチなのかな、と、あまり深くは考えていなかった私でしたが、まさか……⁉

そして本来ならば、出るところへ出て罪を公にしてもいいところを、ことと次第によっては、高木さんがすべて揉み消してくれるというのです。

「こ、ことと次第って……？」

まわりに誰もいないＢＡＲの一番奥まった席で、私はそう卓也に訊いていました。

「そ、その……ま、真由を抱かせてくれるのならって……」

彼は今にも消え入りそうな声でそう言い、でもその小ささとは裏腹の大きな衝撃で、私は気が遠くなるような思いでした。私は葛藤しました。

これは卓也の罪であって私のじゃない。私にはなんの責任もない。でも、卓也のことは好き。彼が罪に問われて人生を棒に振るようなことになるなんて耐えられない。私が高木さんのいうことを聞きさえすれば…………！

心を決めていました。

そのあと、夜十一時になろうかという頃、私と高木さんと卓也の三人は、連れ立ってラブホテルへと向かったのです。

高木さんは卓也に帰ることを許さず、その場ですべてに立ち会うことを強要しました。それが自身の罪の償いでもあるというんです。

「自分の彼女が他の男に抱かれる様を見ながら、どれだけ悪いことをしたかを骨身に染みて知るんだな」

卓也を部屋の隅に立たせたまま、ベッドの上で高木さんは私の服を脱がせていき、とうとう私は全裸にされてしまいました。続いて高木さんは自身も裸になって、ひざまずいた私の目の前に仁王立ちすると、ペニスをしゃぶるように要求してきました。

私は仕方なく従い、それを咥え込みました。

「こらっ！　目を逸らすんじゃない！　ちゃんと見ろ！」

高木さんは卓也にそう檄を飛ばし、私は痛いほどにその視線を感じながら、泣きそうな思いでペニスを舐め、しゃぶりあげました。それはすぐに反応してきて、硬く大きく勃起すると、私の口内ではち切れんばかりになりました。

（んぐっ……うっ、こ、こんなすごいの……は、はじめて……！）

私は、喉奥まで突っ込まれたその過剰なまでの存在感に息苦しさを覚えながらも、同時にゾクゾクするような被虐的な興奮を覚えていました。

（ああ、口いっぱいに上司のペニスを突っ込まれてる無様な姿を、大好きな卓也に見られてるなんて……うう、やだよう……で、でも、なんだかすごく感じちゃうぅ！）

今まで秘められていたドMの本性が、思わぬ状況で覚醒してしまったようでした。

私は大きく開けさせられた口の端からダラダラと大量の唾液を垂れ流しながら、無我夢中でペニスをしゃぶり、あろうことか、自分で自分のアソコをいじってしまっていました。

「んはっ、はっ、あぶぅ……んぐっ、んふ、うぶぅ……！」

「うう……ああ、いい、とてもいいぞ！　しゃぶりながらオナニーするなんて、どんだけ淫乱なんだ！　サイコーだ！　ほら、斉藤くん（卓也の苗字）もたまらないだろう？　この様をおかずにしごいていいぞ！　ほらっ！」

高木さんのその呼びかけに、さすがに拒絶するかと思いきや、なんと卓也はスーツのズボンと下着をずり下ろすと、ビンビンに反り返った自分のペニスをしごき始めました。目は食い入るように私と高木さんのほうに向けられています。

それはある意味、モラルや常識を超えて私の魅力が彼をとらえているかのように思えて、ますます興奮してきてしまいました。

「うぶ……ぷはぁっ！　ああ、もうガマンできない……ここ、この濡れ濡れのオマ◯コに、早くコレを突っ込んでください！」

私は、自分の唾液と先走り汁とでグジョグジョになった高木さんの勃起ペニスを強く握りしめながら、熱に浮かされたようにそう訴えていました。

「ああ……よしよし、いいメス犬ぶりだ！　ほら、メス犬はメス犬らしく四つん這いになりなさい。さあ、尻を高く上げて！」

高木さんは満足げにそう言うと、尻肉を両手でしっかりと摑んで、バックから私の中に挿入してきました。待ちに待った官能の肉感の侵入に、私の五感は一気に魅惑のエクスタシーへと集中してしまいます。

と、卓也が四つん這いになった私の目の前にやってきて、私と高木さんが交合している様を見ながら、自分のをしごきだしました。

こ、こんなのアリですか⁉

「あ、ああ……真由、いいよ、ああっ……！」

「ううっ、さ、さすがピチピチの新卒女子……し、締まりがちがう……っ！」

卓也と高木さんが、それぞれ私の前後で喘ぎたてながら、私の心を、カラダを犯し弄んできて……いよいよ私の性感も頂点まで昇り詰めてきました。

「あっ、ああっ、はふ……いい、もうイキそう……ああん！」

高木さんのピストンも一気に速度と激しさを増し、卓也の手の動きも目にも止まらぬ勢いになってきました。

そしてとうとう、

「あっ、ああ、あああああ～～～～～～っ！」

私は前方から卓也の顔射を浴び、後方から高木さんの熱い激流を注ぎ込まれながら、頭の中が真っ白になるくらい、イキ果てていたのでした。

こうして卓也は無事、公金横領の罪を免れることができました。

ああ、それにしてもあの変形３Ｐの快感、当分忘れられそうにありません。

■ダンナのより硬くてでかい肉棒が、ニュチャグチャと私の肉ビラを掻き分けて……

あおり運転危機一髪からの思わぬ示談エクスタシー！

投稿者 村瀬ゆかり（仮名）／28歳／パート主婦

それは、もう三月も下旬だというのに、やたら肌寒い夜のことだった。

私は隣り町のファミレスでのパート勤めを終え、軽の自家用車で自宅への道を急いでいた。その辺りは街灯もあまりなく薄暗い上に、道幅も狭くて運転しづらく、なんとも気分のあまりよろしくない界隈だった。

すると、進行方向前方に一台のバンが走っているのが見えてきた。私は制限速度の四十キロを遵守して決して速いとはいえない速度で走っていたのだが、前のバンのテールランプが見る見る近くに迫ってくる。

（ちょっとお、いったいどんだけタラタラ走ってんのよお！　こちとら急いでるんだからさあ……先、行かせてもらうわよ！）

私は前の車のあまりの遅さに業を煮やし、ほんの軽くクラクションを鳴らして合図すると、後ろから対向車線に出て抜き去ろうとした。

と、そのとき、前のバンが幅寄せするように進路をこっちのほうへ変えてきたものだから、私は慌ててブレーキを踏むしかなかった。
キ、キキキキィィーーーーーーッ！
まさに間一髪、私は前のバンのテールにぶつかる寸前で止まり、ほんの少し先でバンも止まった。

ちょっと、何やってんのよっ、危ないでしょっ⁉

そう一言文句を言ってやろうと、私が運転席のドアを開けて外へ出ようとしたとき、一足先にバンを降りた向こうのドライバーに機先を制されてしまった。

「おい、あんた！　あおり運転だぞ！　ドライブレコーダーにしっかり記録したからな！　危険行為で警察に訴えてやる！　さあ、行くぞ！」

それは思いもしない言いがかりだった。私は軽くクラクションで挨拶したうえで、穏便に前を行かせてもらおうと思っただけで、あおり運転だなんて、そんな……！

でも今どき、あおり運転行為に対して世間はものすごく厳しい。ドライブレコーダーの記録画像を突きつけられてこれが証拠だって言い張られたら、否応もなく、私に非があることにされてしまうのかしら……？

私はとっさの判断で、ここは素直に謝罪しようと決めた。実際に事故ったわけではないから、下手に出て悪い印象を与えなければ、許してもらえるはずだ。それに、相手はどう見ても五十すぎのおじさん。若い女の私がちょっといい顔見せれば、デレッと鼻の下を伸ばして……。

自分で言うのもなんだけれど、私はけっこう美人の部類に入り、よく男好きするタイプだと言われる。この場も、いつものそんなノリで乗り切れると思ったのだ。

ところが……そう簡単にはいかなかった。

いや、実際ある意味、思惑どおりには運んだのだ。

「ごめんなさ～い、私の不注意でしたぁ！　悪気はなかったんです～～！」

私がくびれのあるボディをこれ見よがしにくねらせながら謝罪の言葉を口にすると、向こうはこっちのことを上から下までまじまじと眺め渡した挙句、顔をにやけた表情に崩したのだ。私は、よしッと思ったのだが……？

「う～ん、じゃあもうちょっと落ち着いて話ししようか。ほら、そっちの車、そこの端っこに駐めて。こっちの車に乗りなさい。今日はよく冷えるしな」

私の頭の中で警報が鳴った。

見ず知らずの男の車に乗るだなんて……これ、ちょっと危なくない？

でも、今立場が悪いのは私のほうだ。警察に訴えられないよういい印象を与えるには、もう少し言うとおりにしないと。

仕方なく、私は向こうの車の助手席に乗り込んだ。シートに上がると、短めのスカートが膝上ちょっとまでずり上がって、太腿が顔を覗かせる。

向こうの目線は、すぐにそこにくぎ付けになった。

「あんた、近くで見ると、ますます美人だし……いいカラダしてるね～」

もう、今にもよだれを垂らさんばかりのゲスい顔つきだ。

「うん、ことと次第によっちゃあ、全部なかったことにしてやってもいいんだよ？」

そう言いながら手を伸ばし、私の生太腿に触れてきた。そして、さすさすと撫で回してくる。

私は葛藤した。

もちろん、こんなエロおやじに好きなようにされるなんてゴメンだ。虫唾が走る。

でももし、さっきのドライブレコーダーの画像をたてに、あることないこと言い募って、あおり運転女に仕立て上げられたら、たとえ最終的に潔白が証明されたとしても、それまでにかなりめんどくさいことになるのは目に見えている。

ああ、早く帰りたいよぉ……。

ダンナも息子も待ってるのに！

私はもうさっさとこの状況を終わらせたいばかりに、腹を決めた。

「……本当に？　何も言わずに帰してくれる？」

私は少し甘ったるい声でそう言いながら、それまでキュッと閉じていた左右の太腿を開き、スカートの奥の暗がりが見えるようにした。

「あ、ああ、もちろんだ！　約束するよ！　このあとすぐに、あんたの車が写ってる画像は抹消するし、お互いに恨みっこなしだ」

よし、こうなったら、もう開き直っていくしかない。

私はGカップある胸をぴたりと向こうの腕にくっつけ、ぐりぐりと押し付けるようした。そして手をとって、太腿の奥のほうへと導いてやった。

「お、おおお……っ！」

そう上ずったような声をあげると、途端に全身が熱を持ったようだった。

いきなりがばっと横から覆いかぶさってきて、私の首すじにむしゃぶりついてきた。

「はぁ、はぁ、はぁ……こ、こんな若くていい女、久しぶりだあ！　た、たまらん！」

そして私の胸をまさぐり回し、プチプチとシャツのボタンを外してゆくと、プルンとこぼれ出た乳房をブラジャーごと揉みしだいてきた。

「ああん、じかにちゃんと揉んでよおっ」

私はそう言うと自分でブラを外し、白くて丸いナマ乳を向こうの顔に押し付けていった。

「んぐっ……うほうっ、うううう〜〜〜」

相手は夢中で乳房を揉みしだきながら、むさぼるように乳首をしゃぶり吸ってきた。臭い唾で胸の谷間をダラダラにされて、かなり気持ち悪かったけど、そんなこと言ってる場合じゃない。

ここは絶対に、私のカラダでうまく丸めこまないと！

私は乳首を吸わせながら、向こうの股間に手をやり、ズボンの上からその膨らみを揉みしごいた。

おっ？　意外とでかくて……硬い！

私もがぜん、テンションが上がってきた。

だって、いくら口封じのためのイヤイヤながらのエッチとはいっても、どうせやるなら気持ちいいほうがいいじゃない？

私は相手のズボンのジッパーを下げて、中からけっこう立派なイチモツを引っ張り出すと、そそくさと自分でパンティを脱いでソレを下の口で咥え込んでいった。うちのダンナのより硬くてでかい肉棒が、ニュチャグチャと私の肉ビラを掻き分けて奥のほうまで突き入ってきて、子宮に当たらんばかりに深く攻め込んでくる！

「あっ……ああ！　すごっ……ひあああっ！」

もはや私の口から飛び出すのは演技ではない、ホンモノのよがり声だった。

「おう、おお……いい、いいぞ、とってもいい具合だ……」

「ああん、いいわ、いい！　うっ……ふぅ……ああ〜〜〜っ！」

下から突き上げてくる激しいピストンに、たまらず私は二度、三度と気をやり、あられもなくイキ果ててしまった。

向こうも、その間に二度、私の中で出してしまったようだ。

その後、約束どおりドライブレコーダーの証拠画像は抹消され、すべてはなかったことにされて私たちは車で別々の帰路についた。

最初はどうなることかと思ったけど、最後は気持ちよく一件落着！

ほんと、世の中、どんな出会いが転がってるかわからないものよね？

■チャップ、チャップという波音をたてながら、気も狂わんばかりの快感が突き上げ……

水中SEXで生まれて初めての真のオーガズム体験！

投稿者 荒木里紗（仮名）／30歳／漫画家

私、漫画家やってます。

皆さん、レディースコミックって知ってますか？　ぶっちゃけ、女性が読んで興奮したり、オカズにしてオナニーなんかしたりするための、女性のための官能コミックのことをこう呼ぶんです。なかば社会現象的にブームになったのは、もう三十年ほども昔の話で、その頃何十冊もあったレディースコミック誌も今やもうほんの数冊程度になってしまいましたが、それでも根強い人気があって、私はそんな漫画を描いてゴハンを食べているというわけです。

え、やっぱりそんな漫画を描くからには、さぞやそっちの経験のほうも豊富なんだろうって？　いやいや、そう思われがちですが、残念ながら、辛うじて処女ではないものの、この三十年の人生の中で男性経験はほんの数える程度。もっぱら耳年増的知識と想像だけを頼りに描いてるのが現実で……人間のイマジネーションってほんと、

すばらしいですね！（笑）

そんな私ですが、実は一ヶ月ほど前から水泳教室に通い始めたんです。

なにせ基本的に座りっぱなしの仕事じゃないですか？　そのうえ忙しいときは、ピザとか揚げ物系弁当とか、すてきに栄養過多なデリバリー系食事が多くなっちゃうものだから、いやもう、腰回りなんかかなり肉付きがよくなってきちゃって……これじゃいかん！　と、ちょうど長い連載ものの仕事が一段落ついたので、体を絞るために通い始めたというわけです。

その教室は基本、一人の生徒につき専門のコーチがついてのマンツーマン指導が売りで、私の担当はまだ若い二十代前半くらいの女性インストラクターでした。すごく丁寧かつ熱心に指導してくれて、泳ぎの上達具合とともに、私は着実にボディがシェイプアップできていくのを実感していました。

ところがある日、彼女が急に辞めてしまったんです。教室側は理由を教えてはくれませんでしたが、生徒仲間の噂によると、同じ職場の既婚の男性インストラクターとできてしまい、その痴情のもつれで修羅場ってしまったとかなんとか……まあ、お互いにピチピチのナイスバディを誇る若い男女が、常日頃から露出度満点の格好で触れ合ってるんだから、そんな過ちもむべなるかなってかんじ？

というわけで、急遽よその支部教室から助っ人のインストラクターがやってくることになったのですが、それは三十歳手前くらいの男性でSさんといいました。

彼は、一番最初の授業で、一通り私の泳ぎを見たあと、こう言いました。

「う〜ん……なんかちょっと変なクセがついちゃってますね。この泳ぎ方じゃ、消費するエネルギーのわりに進み方が悪くて、非効率的だなあ。こりゃ、一から鍛え直さなきゃいけないかも」

私はショックでした。すっかり、かなり上達してるものとばかり思っていたのに。

「うん、僕の指導どおりにやれば大丈夫！　がんばりましょうね！」

Sさんはそうにこやかに言いましたが、一方で私は、あるものが気になって気になって、仕方ありませんでした。

それは……彼の股間でした。

男性インストラクターは皆、超ピッチリした競泳用水着を身に着けていて、そのタイトさゆえに股間は強烈に締め付けられ、ほとんど凹凸が感じられないのですが、Sさんの場合は違っていて……アレの生々しい形状のラインが、これ見よがしにもっこりと水着の布地を押し上げ膨らんでて、しかもかなり大きいんです。

これははっきり言って、目の毒でした。

Sさん的には当然、自分でそんなこと気にするふうでもなく、淡々かつ一生懸命に私の手取り足取り、泳ぎを指導してくれるのですが、その間、私ときたらついつい彼の股間に目が吸い寄せられちゃって。

（ああ、一度でいいからナマでコレを拝んでみたい……ううん、触ってみたい……ああ、もっと言っちゃうと、しゃぶって吸って、オマ○コに入れてみたい！）

もう日々、そんな欲求が高まっていってしまったんです。

夜寝るとき、何度いけない妄想をかきたててオナニーしちゃったことか。

そうやって、私のスケベな欲求は限界まで昂ぶってしまっていました。

そんなある日、教室のプログラムの都合で、私とSさんの授業だけ、他の皆が帰ってしまったあとの夜、二人だけで行われることになったんです。

私は、このチャンスを逃してなるものかと、欲望ギンギン、完全に獲物を狙う女豹化してしまいました。

準備体操後のがらんとした広いプール、いつもどおり私とSさんは水の中に入りました。彼のアレは、なんだかいつも以上に突っ張ってるように思えてしまいました。

「さあ、じゃあ今日は予定どおり背泳ぎの仕上げを……えっ、荒木さん……⁉」

彼がしゃべってる途中で、私はいきなり行動に出たのです。

彼の胸に自分の胸を押しつけながら、股間を撫でさすりました。その膨らみは想像以上に硬くパッツパッツで、はち切れんばかりの力感を湛えているようでした。

「ああ……やっと触れた、先生のココ……でももうこれじゃあガマンできない。ねえ、お願い、先生のコレ、直に触らせてちょうだい！」

「荒木さん……」

Sさんはそう私の名を呼んだだけで、拒絶はしませんでした。それどころか、

「いいですよ。その代わり、荒木さんのも……ね？」

嬉しいことにそう言ってくれて、私たちは水中でお互いの水着を引きむしるようにして脱がせ、とうとう全裸になってしまいました。

Sさんのアレは、いきなりもうビンビン完全勃起状態！

長さは二十センチ近く、太さも私の親指と人差し指で作った輪っかじゃ届かないくらい……そんな生唾ものの大きさに加えて、立派なバナナなみに反り返ってるんです。

私はそれを揉み、しごき、プールサイドに座らせたうえでしゃぶりまくりました。

「おお、すごい、荒木さん……いいですよ、気持ちいい……」

彼はそう言いながら、自分からも私の乳房や股間、そしてお尻の穴まで愛撫してくれて、もうどうにもたまらなくなってしまいました。

「ああ、早く、早く入れて！　このすっごく大きいチ◯ポ……お願いっ！」

私は陶然としてそう懇願し、水中でプールの壁に手をついて、彼に背後からのインサートを要請しました。

「了解です。さあ、いきますよ！　……んっ、ううぅっ！」

そして、恐ろしいくらいの衝撃が私を貫き、チャップ、チャップという波音をたてながら、気も狂わんばかりの快感が突き上げてきました。

「あっ、あひっ……ああん、いいっ！　Sさん、最高よ〜〜〜〜〜っ！」

「はっ、はっ、はっ……荒木さんも、か、かなりの名器ですよぉ……う、ううっ！」

激しい水中ピストンの末、私の絶頂の断末魔とともに彼はペニスを抜き去り、水中に大量のザーメンを放出しました。

それは、生まれて初めて味わう本当のオーガズムだったのではないかと思います。

今後、私の描くレディースコミックは、よりリアルな臨場感と説得力を、読者の皆さんにお届けできるのではないかと思う次第です。

なんてね！

■彼のペニスは、怒ったコブラのように亀頭の笠を大きく広げて私の秘芯に……

未亡人の私にぶつけられた亡き夫の同僚からの熱き欲望

投稿者 柳本はるか（仮名）／38歳／無職

とても愛していた夫が死んでしまいました。交通事故でした。結婚十年、子供のなかった私たちは、なかば親になることをあきらめ、お互いを敬愛し合うパートナー同士として、この先も二人、ずっと仲良く楽しく暮らしていけると思っていたのに。

喪主として慣れないことばかりのアレコレに翻弄されながら、なんとか葬儀と初七日を終えた私は、いきなり一人ぼっちになってしまった自宅マンションで抜け殻のような日々を送っていました。働く気も、よもや遊びにいく気も起きるわけがなく、日がな一日、夫の骨壺と遺影の前でただ座り込んだまま……。

そんなときでした。彼が訪ねてきたのは。

「突然やってきて、すみません。ご主人にお線香をあげたくて」

会社で夫の同僚だったという彼は、山本さんといいました。歳は夫と同じ四十歳だといいます。これまで何人かの同僚の人とは会ったことがありますが、山本さんとは初対面でした。でも、遺影の前でお線香をあげ、手を合わせたあとにこちらに向き直って、あれこれと夫との思い出話をしてくれる山本さんの様子は、本当に夫と仲がよかったんだなあと思わせる愛情と熱意に溢れていて、私はすぐに彼に心を開いてしまいました。

「でも、今まで一度もお会いしたことがないなんて不思議ですね」

だからこそ感じた素直な疑問を、ふと口に出すと、山本さんは、

「ええ、たしかに……奥さんのことはさんざん、ご主人からうかがってたんですよ。どんなにきれいで、やさしくて、魅力的な妻かって、それはもういやになるほど」

と答え、私はその口調に、えも言われずへんな感じを受けていました。でも、構わず彼の話は続きました。

「でも、だからこそ、ご主人に何度か家に食事に来るように誘われたというのに、行くのが怖くなってしまったんですよ」

私の中の〝へんな感じ〟が、今度は恐れに似たものに変わりました。

「なぜって、いつの間にか僕も、まだ見ぬ奥さんのことを好きになってしまっていたから。ご主人にさんざん、奥さんの魅力を吹き込まれたおかげで、僕の頭の中は奥さんへの想いでもうパンパン！　それはもう、実際に会ったら何をしでかしてしまうか

自分でもわからないくらいに……」

私はもはや完全なる恐怖に包まれていました。

この人、正気？　ただ話を聞かされてるだけで、その相手のことを真剣に好きになったりできる？　あり得ない。この人、きっとどこかおかしいんだ……。

山本さんに脅威を覚え始めた私は、じりじりと少しずつ後ずさって彼から距離をとろうとしました。山本さんの語りのテンションはますます上がっていくばかりです。

「そう、くる日もくる日も僕はご主人から奥さんのすばらしさを聞かされ、おかげで家に帰るともう居ても立ってもいられなくて、まだ見ぬ奥さんのことを思い浮かべながら、毎日毎日、オナニーしてたんだ……」

「ひっ……」

「そう、毎日毎日……十年間。おかげで、婚期逃しちゃった。ぜんぶ奥さんのせいだ」

山本さんのほとんどいっちゃってる目線、そして上ずったような語り口調から、ひしひしと彼の異常性を感じつつ、一方で言っていることは真実だと確信できました。

この人は、私の夫から夫婦ののろけ話……いわば妻である私の自慢話をされているうちに、毎日オナニーに耽るほど見たこともない私のことを好きになり、そのせいでちゃんとした結婚相手を見つけられないままこの十年を過ごしてしまったんだ！

ハッと気づくと、山本さんがぐいと前方に身を乗り出し、尻もちをつく格好になっている私に、まさに覆いかぶさらんばかりににじり寄っていました。

「はぁ、はぁ、はぁ……今度のこと、ご主人は本当にお気の毒でした。ご愁傷さまです。でも、安心してください。僕がご主人に負けないくらい、奥さんのことを愛してあげますから。きっとご主人も喜んでくれるはずです」

「な、なに言って……!?」

「今日から僕が奥さんの夫だって言ってるんです！」

そうがなるようにして言うと、山本さんは私にのしかかり、いわゆる格闘技でいうところのガードポジションの体勢で、私は開いた両脚の間から迫りくる彼を受け止める格好になりました。

「ああ、だ、だめ、だめだったら！　や、やめて、山本さんっ！」

「そっちこそだめですよ！　この十年分の溜まりに溜まった奥さんへの想い、今さら止められるわけないじゃないですか！」

彼は体を倒して上半身を密着させると、柔らかな私の胸を押しつぶしながら熱烈にキスしてきました。よもや今日来訪者があるなどと思ってもおらず、すっかり油断していた私は薄手のカットソー一枚の下はノーブラだったのです。

その状況に、彼もキスをしながらすぐに気づいたようでした。さらに舌を差し込んでキスの濃厚度を上げながら、両手でカットソーの上から左右の乳房を鷲掴むと、むにゅむにゅ、ぐにゅぐにゅと激しく揉みしだいてきたんです。

「……んっ、ふぅ、うふぅ……んぐ、ぐうぅぅっ……」

山本さんはそうしながら、さらに自分の下半身をごりごりと私の股間部分にこすりつけてきて、私のスカートはあられもなくめくれ上がり、白いパンティと肌色のストッキングに覆われた股間の中心部分は、欲望にまみれた圧力にこれでもかと押しひしがれながら、じっとりと湿り気を帯びていきました。

私、不覚にも、彼の一心不乱な欲望のパワーに押され負けて、どうしようもなく悦楽を感じ始めてしまっていたのです。

「あっ、はぁ、は、んはっ……んふぅ……んじゅぶ……」

私と山本さんの顔はお互いのキス唾液でだらだらに濡れ汚れ、生臭いケダモノ臭に覆われていました。

と、突然彼が身を起こし、スーツの上着とYシャツを脱ぎ捨てて上半身裸になりました。それは思った以上に引き締まったいいカラダで、とても亡き夫と同じ歳とは思えないくらいでした。

彼は続いて私のカットソーも脱がして、乳房を露わにさせられました。すでにもうさんざん揉み回されたおかげでジンジンと疼く乳首にひんやりとした空気が触れ、さらにぴんと乳頭が尖ってしまったようでした。

「ああ、奥さん、ご主人に聞いてた以上にすばらしいカラダだ。やっぱり子供を産んでいないと線も崩れないいんですね。ほんとエロくて、魅力的だ……」

そう言って、彼は私の体を撫で回しながら、いよいよ今度はスカートに手をかけ、それを剝ぎ取ると、またたく間にパンティとストッキングも脱がされて、私は下半身丸出しにされてしまいました。

「ほら、僕のももう、こんなに……」

突き付けられた彼のペニスは、信じられないくらいの怒張に満ち、怒ったコブラのように亀頭の笠を大きく広げて私の秘芯に襲いかかってきました。

ズヌ、ズ、ズニュ……ブッ……ヌプ……！

秘裂をえぐられるように挿入され、続いて奥の奥まで貫くような深く激しいピストンに見舞われました。

「あひっ、ひい、ひっ、あああん……あっ……」

「お、奥さん、奥さんっ……ううっ、せ、せまいっ……すご、ううっ……！」

そのまま四～五分ほども狂ったようにまぐわった末、私も山本さんも、夫の遺骨と遺影の前で、恥も外聞もなくイキ果ててしまいました。

「奥さん、僕、これからもまた、ここに来てもいいですか？」

山本さんが訊いてきました。

「この先、奥さんがもし再婚するようなことになっても、それはそれでかまいません。僕のこと、内緒の夫として接してもらえれば、僕はそれで十分。結婚してくれだなんて言いませんから」

正直、山本さんのセックスはかなりよかったから、私としてもこの提案はちょっと魅力的なものでした。でも……、

「もちろん、僕はこの先一生、結婚するつもりはないですけどね、ひたすら奥さんのことを想い続けるだけです」

わ、重っ……！

■勃起したペニスの亀頭は、まるで握ったゲンコツのようにゴツゴツと荒らぶって……

憧れの店長との最初で最後の悶絶エクスタシー関係

投稿者 内藤良美（仮名）／23歳／フリーター

つい先月まで、街の小さな本屋で働いてたのね。

でも、坪数なんて本当に小さいんだけど、都心のベッドタウンっていうかんじの地域の、ＪＲ駅の改札出てすぐの高架下にある店なもんだから、人出があってけっこういつも賑わってて……特に夕方以降の通勤帰宅時間帯なんて、勤めを終えて改札から吐き出されてくる大勢の降車客がどっと押しかけてきて、そりゃもう目が回っちゃうほどの忙しさなの。

そこで私、もっぱらまさにその繁忙時間帯のシフトで勤務についてたんだけど、これでもけっこう愛想がよくてお客さばきが上手かったもんだから、店長からすごい重宝されてたんだ。店長、まだ若くて三十手前ぐらい。度の強い眼鏡をかけたいかにも文学青年っていう雰囲気だけど、実はけっこうかっこいいってこと、私は気づいてた。俗にいう『隠れイケメン』っていうやつ？　密かにいいなあって思ってて、だからそんな店長に気に入られて、頼りにされてるってかんじはけっこう悪くなかったのね。

だから、毎日の仕事自体は安い時給のわりにすごい大変で、夜十時頃家に帰るともうヘトヘトだったけど、毎日が充実してるってかんじだった。

でも、中学からのマブ友のマナミから、かなりわりのいい別のバイトやらないかって誘われて……私、前からすごく欲しいものがあって、そのバイトやれば一ヶ月もかからないで買えるなって思って、ちょっと心残りだったけど、本屋を辞めることに決めたの。

そのことを店長に話したのは、私が少し早めの夜八時に仕事を上がって、店の二階にあるすごく狭い休憩室で帰り支度をしてたとき。ちょうどそこへ四十五分の休憩時間をとるために店長が来たものだから、ええい、思いきって今ここで言っちゃえって思って。店長、すみません、あたし実は……って。

そしたら、店長ったら、私の想像をはるかに超える落胆ぶりだったもんだから、そりゃもうびっくりしちゃって！

「そんな……内藤、どうしても辞めなきゃならないのか？」

今にも泣きそうな声でそう聞いてきて、

「はい、す、すみません……もう決めちゃったもんですから……」

私、いたたまれないほど申し訳なくなっちゃって、思わずこっちまで涙ぐみながら、そう答えてた。

「おまえがいなくなると、困るなあ……」

「だ、大丈夫ですよ、坂本くんも杉田さんも、だいぶ要領よくなってきたし、ちゃんとお店、回っていきますって！」

と、私は二人の後輩アルバイトの名前を挙げて店長を少しでも安心させようとしたんだけど、それってちょっとずれてたみたい。

「おまえがいなくなると……おれ、寂しいよ……」

えっ⁉

私が店長の思いがけない言葉に、一瞬動揺してると、店長はさらに畳み掛けてきた。

「ひょっとして気持ちが伝わってるかもって、ちょっと期待してたけど、やっぱ思い込みだったのかな……おれ、内藤のこと、ずっと好きだったんだ」

とうとうド直球でそう言って、ずいっと迫って私の両肩をきつく摑んできて……！

「て、店長、そんな冗談言って……」

私はなんとかごまかして、その場をしのごうとしたんだけど、内心のドギマギ感を抑えるのが大変だったわ。だって、自分だって密かに店長のこと……すると、そんな動揺が向こうにも伝わっちゃったのかもしれない。

店長はまっすぐに私の目を覗き込んでくると、

「内藤……おまえも、おれのこと……?」

って言って、口にキスしてきたの!

「……んんっ、んぐぅふ……うぐっ……!」

唇をチュウチュウときつく吸われ、舌をからませ唾液をジュルジュルと啜られ……私は店長のそんなむさぼるようなキスを受け止めながら、最初こそそれなりに手足をばたつかせて抵抗感出してみたんだけど、すぐにあっけなく脱力して、すべてを受け入れちゃってた。

だって、それは私だって、ずっと望んでたことだったから。

いつか店長とこうなれたらいいなって、思ってたことだったから。

「んはっ、あう……うんんっ、んぐぅ……」

自分でも、喘ぐ声音が甘ったるく蕩けたようなかんじになっていくのがわかって……そんなの、店長にだってしっかりと伝わっちゃうに決まってる。

「内藤、いいんだね? おれと愛し合ってくれるんだね?」

「あ、でも、誰か上がってきちゃったら……」

「大丈夫さ。今は坂本と杉田の二人とも、レジと補充の作業で手一杯で、こっちに上がってくる余裕なんてないさ。でも、おれの休憩時間はあと三十分足らずだ。そういう意味では焦らないとな？」

店長はそう言うと、私の厚手のセーターを脱がせてきた。店内はしっかり暖房が効いてるからその下は着てなくて、私のピンク色のブラが露わになった。自分でいうのもなんだけど、Ｇカップの胸がはち切れんばかりで、けっこうエロい。

「ああ、内藤……たまんないよ……」

店長は力任せにブラを上側にずり上げ、ブルルンッとこぼれ出た私の白い乳房に顔を埋めてきて、感極まったように言った。そして、両手で左右の乳房をわしわしと揉みしだきながら、チュパチュパと乳首を吸い、舌でコロコロと転がしてきた。

「あはっ、ああ……んくっ、いい……いいっ、店長……！」

体内からせり上がってくる快感に押し出されるように、私はどうしようもなく喜悦の喘ぎを漏らしちゃう。

狭いソファの上で、さらにぐいぐいと店長が覆いかぶさってくると、私のジーンズの太腿に硬い感触が当たった。店長の股間が硬くこわばって、その熱いいきり立ち感がビンビンに伝わってくる。

「あ、ああん、店長のも、もうこんなに……」

私のほうももうすっかり昂ぶっちゃって、たまらない気持ちで店長のズボンに手をかけ、ガチャガチャとベルトを外していた。そして、ついに姿を現した店長のソレときたら……や、やばいっ！

文学青年ふうなイケメンの、至ってソフトな外見とはチョー裏腹！

勃起したペニスの亀頭は、まるで握ったゲンコツのようにゴツゴツと荒らぶる凶暴さに満ち、竿には太い血管が力強くウネウネと脈打ち……まるで、あのチョー怖い映画『エイリアン』で、お腹を破って飛び出してきた血まみれのチビエイリアンばりの圧倒的な存在感で私に迫ってきたの。

私が自分でジーンズを脱ぐと、パンティは店長が脱がして、アソコに触れ、指で中をグチュグチュと掻き回して、あっという間にヌレヌレになっちゃった。

「ああ、内藤、入れるよ……いいな?」

「あ、は、はい……店長、き、きて……」

そして、私の中に入ってきたソレは、見た目以上の大きさと力感で私を貫き、私のカラダが壊れんばかりの迫力とスピードで突きまくってきたわ。

「ひああっ！　あっ……ああああっ、んあ～～～～っ！」

思わず目いっぱい喘いじゃったけど、ちょうど上の高架を電車がガーッて走ってるところで、まあなんとか下の店のほうには聞こえなかったんじゃないかしら。

そうやってその後は、精いっぱい声を押し殺しながら店長の貫きを受け入れ、悶え、喘いで……いよいよ差し迫ってきちゃった。

「ああ、店長、あたし、もう……！」

「ううう、お、おれも……イクよっ……！」

「ひあああっ……！」

寸でのところで店長はペニスを私から引き抜いて、脇の床目がけて精液をピュピュッてほとばしらせてた。

私も完全にイキ果てちゃって、しばらく身動きできなかったくらい。

それから一週間後、私は店を辞めたんだけど、店長とのこの最初で最後のエッチは、きっと忘れられない思い出になると思うのよね。

■汗まみれのお互いの肌が接し合い、からみ合い、世にも淫靡な音が辺りに響き渡って……

真夏の昼下がりに私を襲った灼熱のレイプ・オーガズム

投稿者 坂井真琴（仮名）／31歳／専業主婦

まっ昼間から、自宅アパートでレイプされてしまったときのことをお話しします。

私は三十三歳の夫と二人で２ＤＫの木造アパートに住んでいます。

夫は四年前までは当時イケイケの新興ＩＴ企業に勤めていて、収入もよく、私たちは家賃十五万のデザイナーズマンションに住み、かなりリッチな暮らしを送っていたのですが、その後会社は倒産。夫はなんとか同職種の小さな会社に再就職することができたのですが、もちろん給料は半減、住まいも今の家賃六万円のところに引っ越さざるを得ず、私も近所のドラッグストアでパート勤めを始めました。

ところがつい三か月前、私はアパートの階段で足を踏み外して二階から転げ落ちてしまい右足を骨折。なんとか退院はしたものの、まともに歩けるようになるまでの間は働くこともできず、やむを得ず専業主婦の暮らしを送ることになりました。

それは夏の暑い昼下がりのことでした。

私はままならぬ右足を引きずって歩いていることもあって、汗みずくになって疲労困憊状態でスーパーでの買い物を終えて帰ってきました。二階の一番奥突き当たりの自室のドアを開けると、サンダルを脱ぎ、文字通り倒れ込むようにして玄関を上がりました。そのままひざまずき四つん這いになって冷蔵庫まで行くと、中から冷たく冷えた麦茶の容器を取り出し、口から麦茶が溢れて喉元をこぼれ流れ落ちるのも気にせず、喉を大きくゴクゴクと鳴らしながらむさぼり飲みました。

そして、

「ふーっ……」

と、ようやく一息ついたときのことでした。

背後に何者かの気配を感じたのは。

私はハッとして、慌てて振り向こうとしましたが、その動きを強い力で抑え込まれ、そのまま口の中に布切れのようなものを突っ込まれて声を出すことを封じられてしまいました。そしてさらにガバッとのしかかられると、キッチンの板の間の上に仰向けに倒れ込んでしまったのです。

そしてようやく、自分の上に覆いかぶさっている相手の顔を、初めて認めることとなりました。

歳の頃は私よりも少し下……二十代半ば過ぎくらいでしょうか。地味な顔立ちの青年でしたが、その目だけはケダモノのようにギラついた光で満ちていました。

「おとなしくしてれば、痛いことはしないから……」

真上から私を見下ろしながら言うその顔からは、だらだらと汗が滴り落ち、ぽつぽつと私の顔を濡らしました。

おとなしくも何も、すでに声を出すことを封じられ、そもそも右足は不自由で、しかも屈強な体つきでどっしりと乗っかられているわけですから、そんな私にいったいどんな抵抗ができるというでしょう？　私は抵抗の意思などないことをアイコンで訴え、体中から脱力していました。そして、喉の渇きと疲労困憊に喘ぐあまり、玄関ドアの鍵をしめ忘れてしまった自分の馬鹿さ加減を呪っていました。

私の無抵抗状態を確認したその男は、

「あんたのこと、ずっと見てたんだ。ずっと……こうしたくて仕方なかった」

そう熱にうかされたように言うと、私が羽織ったサマーニットの前を掻き分け、中の黒のタンクトップをめくり上げると、露わになった乳房の谷間に顔をねじ込んできました。そして、ひたすらがむしゃらに乳房全体をむしゃぶり回してきたのです。

「ふはっ、はぁ、ああ……んじゅぶ、じゅぷぷ、んはっ、ぐじゅるる……ちゅぱ、じゅばっ、うじゅぶぅ……はうぅぶぅ……！」

　あられもない吸引音をたてながら乳房を、乳首をこれでもかと舐めしゃぶられ、吸われ、私は部屋の中にこもったむせ返るような暑さもあって、気が遠くなるような感覚に覆われていきました。当然、エアコンのスイッチを入れているような余裕はありませんでしたから、そんなふうにしてからみ合った私たちの肉体は、見る見る大量の汗にまみれ、淫らに蕩け合っていくようでした。

「はぁ、はぁ、はぁ……あふ～～～～～っ……」

　彼の舌が唾液と汗の筋を引きながら乳房からへそのほうへと降り伝っていき、さらにそのまま、脱がされたキュロットパンツの下で黒々と茂っていた私の股間に潜り込んできました。そして湿った草むらを掻き分け、一段と熱を持った肉のクレパスに分けいっていき……。

「……んっ、んぐふぅ……くっふぅ、んふっ……」

　ねろねろとうごめく舌でクレパス内を掻き回され、私は言いようのない羞恥と快楽の波に襲われていました。

　こんな……見知らぬ男に突然襲われて感じてるなんて……でも、だってしょうがないじゃない？　私は体の自由が利かず、口もふさがれて声も出せず、抵抗しようがないんだもの……私、悪くないもの……。

悦楽に没入していく自分をそうやって正当化しながら、私はもはや、相手の男のホンモノの挿入を待ちわびていました。

ああ、あなた、私をレイプするんでしょ？　そのたくましくて熱い肉棒で。早く、早く入れてきてよ！　私、もう辛抱たまらないんだから……！

いつしか私は、自分から股間を相手の肉体に擦りつけていました。

ぐりぐり、ぐいぐい、ぬちょぬちょ……。

汗まみれのお互いの肌が接し合い、からみ合い、世にも淫靡な音が辺りに響き渡ります。いよいよ、いったん体を離して、相手のほうも服を脱ぎました。

眼前にそそり立つ、想像以上に大きくたくましい肉の棒。

相手はそれを手で支え持つと、私のアソコの入り口にぴたりとあてがい、しばらくヌルヌルと周囲を撫で回したあと、ヌプッ……と、挿入してきました。とても熱く硬い肉の塊が、ドリルのような激しさで濡れた肉ひだを掻き分け、掻き回し、奥へ奥へと突き入ってきます。

「んふっ、ふぅ、ぐぬぅ……んっ、んっ、んっ……」

声にならない喘ぎが、私の喉から溢れ噴き出し……相手の抜き差しの動きに合わせて、私のカラダもいやらしく前後動してしまいます。

「ああ、いい、すげぇ……あんたのカラダ、想像以上だ！　お、おれ、もう……！」

相手ががぜん腰の動きを激しくしながら、せつなそうな声をあげました。

ああ、このままだと、私の中でイッてしまう……私の中で出してしまう……悦楽の淵で葛藤する私。でも、このクライマックスへの高まりを止めることなんて、私にできるわけない！

次の瞬間、私はものすごい勢いで流れ込んでくる精の奔流を、カラダの奥深くで受け止め、飲み干していたのでした。

いつの間にか、気を失ってしまったようでした。

気がつくと、私は脱ぎ乱れた格好のまま、一人キッチンの床に横たわって……これは暑さの見せた白日夢？　いえ、そうでないことは、私の股間で凝固しつつある白濁した液体が、隠然と物語っていました。

■気がつくと、私は見知らぬ男のオチン○ンを激しくフェラチオしていて……

とことん刺激的で忘れがたい幻のハプバー快感体験

投稿者 江尻美由紀（仮名）／27歳／OL

皆さん、ハプニング・バー（※略してハプバー）って行ったこと、ありますか？ちょっと前に流行って、一時期はあちこちにけっこうたくさんあったんだけど、最近はあんまり見かけないかな。

バーっていうからにはお酒を飲む場ではあるんだけど、基本、お客は男女のカップルばかり。そこでそれぞれのカップル客たちは好き勝手にエッチなふるまいをして、その自分たちの痴態を見てもらって楽しむのもよし、ときには乱交まがいのことをするのもよしっていう、まあ、なんでもありのエロい場所であることはまちがいありませんね。

私とカレ、最近ちょっとマンネリ気味だったもので、なんか刺激になるようなところないかなって言ってたら、なんとそのハプバーが今どき近所に一軒あるっていうことを知ったわけです。実は私も彼も実際に行ったことがなかったものだから、じゃあ、一回行ってみようかって話になって。

これはそのときの体験談というわけです。

その店は、中は暗くてよくはわからないものの、それなりに広いようで、パーテーションで仕切られたスペースが十近くはあるようでした。それぞれのスペースにはゆったりとしたソファとテーブルが据え付けられていて、私とカレは入口のカウンターで料金を払って、案内されたスペースの一つに向かいました。

しばらくは二人でビールを飲んでたんだけど、そのうち、周囲のあちこちから男女客たちのなんとも妖しげな声が漏れ聞こえてきて……私たちもだんだんそういう気分になっちゃって、キスして、抱き合って、徐々に行為をエスカレートさせていったんです。

すると、すぐ近くで何やらゴソゴソとうごめく気配を感じました。そちらのほうに目をやると、一組の男女が入ってきて私たちの様子を窺っているのがわかりました。

「あ、どうぞどうぞ、そのまま続けて」

彼らはそう言い、私とカレは一瞬とまどいましたが、気を取り直してエロ行為を再開しました。そうしていると、だんだんさっきのカップルの視線が、いい感じにカラダに刺さってくるようになったんです。

見ず知らずの男女に自分たちの痴態を見られてる……そう思うと、ぐんと興奮度が増し、さらに相手方も淫らな行為を始めたのがわかると、ますます拍車がかかるようでした。

「あ、あん……あの人たちも、始めちゃったよ……ほら、彼女、彼のオチン◯ン舐め始めた……うわ、すごい、激しい……」

「うん……美由紀もしゃぶってよ……」

「いいわよ。あれ、翔太の、なんかいつもより硬くて大きい気がする……」

私はそんなことを言いながら、カレのオチン◯ンを激しくフェラチオしました。実際、本当にそう感じたんです。

「ああ、いいよ、美由紀……すっげえ感じる……ううう」

カレは甘ったるい声で喘ぎながら、手を私の胸のほうに伸ばし、ブラジャーの中に突っ込んでムニュムニュとオッパイを揉みしだいてきました。

すぐそこに例のカップルの視線があるかと思うと、その快感はいつも以上で、乳首がジンジンと疼き、全身を甘い痺れのようなものが走りました。

と、そのときです。

私は自分の股間に何やら違和感を感じ、カレのを咥えたままそっちのほうを見やると、なんとカップルの男のほうが私のパンツを剝いて、露わになったアソコを舐めていたんです。

えっ、マジ⁉　って思ったけど、とっても気持ちよかったので、そのまま身を任せることにしました。

が、視線を上げて自分のカレのほうを見て、さらに驚きました。

カップルの女のほうがカレの顔の前に立ちはだかって、剝き出しにした自分のマ〇コを舐めさせてたんです。さすがに、おいおいって思ったけど、カレはなんの抵抗もなくむさぼり舐めてるし、まあ、私だって同じことを男にしてもらってるわけで……ええい、このままいくとこまでいっちゃえ！　って感じですよね。

そんなわけで、私とカレ、そして向こうのカップルの合わせて四人は、今や完全にからまり合って、くんずほぐれつ状態になってしまいました。

でも、ことはそれだけじゃあ終わらなかったんです！

なんと、さらにもう一組のカップルが乱入してきて、都合六人の男女がからまり合う格好になってしまったんです。

気がつくと、私は見知らぬ男のオチン〇ンをフェラチオしていました。正直、カレのよりずっと太くて大きくて、私は言いようのない興奮に煽られながら、無我夢中でしゃぶってしまっていました。そして、そうやってこれ以上ないくらい濡れただれた私のマ○コには、さっきのカップルのほうの男のオチン○ンが突き刺さり、ガンガンと貫いてて……。

「んんぐ、ぐふっ……うう、んぐうふ……！」

「うう～、締まるぅ～……いいマ○コだ！　ほらっ、もっと奥まで喰らい込めっ！」

ああ、何が何やらわからないけど、とにかく気持ちいいっ！

私のカレのほうも二番目のカップルの女をバックからガンガン貫き、その接合部分を最初のカップルの女が舐めながらいじくってます。

うう～、エロすぎる～っ！

とか思ってたら、

「あうぅ……うぐっ、ううううっ！」

って一声呻いて、カレったら思いっきり射精したみたい。ほら、相手の女もすっごい恍惚とした顔でヨガってる。

私だって負けてないんだから！

なんだか癪にさわって、私も男二人とのまぐあい具合に、がぜんハッスルしました。

オチン○ンをフェラするだけじゃなく、そのタマも激しく揉み転がしてやって、

「くうっ、それ……効く〜〜〜っ！」

って喘いでる声を頭上に聞きながら、挿入されてる下半身のほうも腰のグラインドを速く、大きくエスカレートさせました。

「うっわ……すげ、そんなにされたら、もう、ヤバッ……！」

上の口と下の口で、ほぼ同時に熱いフィニッシュを受け止めながら、私もこれまで味わったことのない、オーガズムの果てに吹っ飛んでいました。

「あ、あああああ〜〜〜〜〜〜〜っ！」

とにかく、とんでもなく刺激的で忘れがたい体験でしたが、残念ながら、その後そのハプバーも無くなってしまいました。

今思うと、まるで幻だったんじゃないかという気さえしてくるんです。

■Cさんがクリトリスの先っぽをペロペロ舐め、私はAさんのを咥えたまま喘ぎ……

ようやく就職した先で味わった衝撃の5Pカイカン！

投稿者 飯島さゆみ（仮名）／33歳／会社員

「おお、想像してたより、ふくよかじゃないですか……！」

「うん、綺麗な色してんな〜、桜色の干しブドウといったところかな。うひゃひゃ」

「さぁて、そろそろ味見といくかぁ？　ワシが一番でいいんだな？」

「もちろんですよ！　ほら、早く。後がつかえているんですからぁ」

……………………。

さっきから男たちの声が聞こえるのはテレビの音だろうか？　ニュースなのかドラマなのか……せっかく熟睡してたのに寝覚めてしまったじゃないの……。でも、瞼が重くて目は開かない。なにせ今日は初仕事だったから、心身ともに疲れ果ててしまったのだ。

正社員になれたのはラッキーだった、このご時世に。これといって資格もスキルもない私を雇ってくれた設計事務所には、とにかく感謝の気持ちしかないが、おそらく面接のときに「夫に浮気されて離婚して……バツイチなので、自分で稼いで食べていかなきゃなんないんです」と、赤裸々に話したのがよかったんだと思う。さらには、「お願いします、なんでもやりますから働かせてください！　ほんとに何でも！」と意欲を見せたところも好印象だったに違いない。

従業員は男性ばかり四人だけの小さな会社。私の仕事は雑用のコピー取りとかお茶入れとか、たまにデータ入力など。午後三時を過ぎた頃からすでに疲れが出ていたのに、突然社長さんが「飯島さんの歓迎会をやろう」と言って、急遽夕方五時に会社を閉め、二階の和室（仮眠室？）で酒盛りをすることになった。

お酒はまったく飲めませんと言ったのに、和室のテーブルに用意されたのはお酒類とお惣菜、おつまみだった。「ウーロン茶もジュースもないの？」とは口に出せない。社長さんはじめ主任のAさん、設計技師のBさんとCさんも、そんな私に無理に酒を飲ませようとする。仕方ない、場の空気ってもんがあるし、嫌われたくない。私は勧められるまま、缶ビールを飲み、次に差し出されたレモンチューハイも飲み干し、その次の梅酒にも口をつけた……あれ？　そのあとの記憶がまったくない。私、どうやってアパートに帰ってきたんだっけ？

そのとき、チュゥゥゥ～～と音がして、胸の先端に熱くて柔らかい感触があり、慌てて目を開けると、「あっ？　えっ？　えっ？？？」

社長さんが、なんと私の乳首を吸っているのだ！

「や、やめてください！」

必死で払いのけようとすると、

「まぁまぁいいじゃない、楽しくやろうや」と、Aさんが私の腕を押さえつけた。

私はいつの間にパンティ一枚で寝かされてたのだろう？

「大きな声出しても無駄だよぉ～～。この辺り工場ばかりで夜は人の気配はまったくないからね」イヒヒヒ……と、Bさんが笑った。

「でも、あの……本当に……困ります……」

「あ～、そんな風に懇願されると余計そそられるねぇ～～」

男たちは一気に獣に豹変した。

「面談で、なんでもやります、って言ったよねぇ？」

社長さんは私の右の乳房をさすりながら左の乳首を舐め回し、Aさんは私が抵抗できないように両手を押さえつけ、Bさんはパンティを一気に剝ぎ取って私の足を大きく広げた。そして指で性器を撫で回しながら、

「おい、C！　よぉく見とけよ、これが本物のオマ○コ！」

いやらしいその単語に、私は思わず反応してしまった……。

「なんだよ飯島さん、困りますとか言って、こんなに感じてんじゃん、ほらぁ～～」

Bさんはクッチョクッチョと指で蜜壺の中を無遠慮に掻き混ぜる。

「ほら、C。触ってみろよ」

一方のCさんは対照的に遠慮気味。そぉ～っと膣の入り口を触ってくる。

私はとうに観念していた。抗えば、会社をクビになるかもしれない。我慢して、このときをやり過ごそう……いや、それ以前に、私はすでに快楽の渦に巻き込まれ、この異常ともいうべき状態に興奮状態にあった。

「クリトリスも撫でてみろよ。固くなるから」Bさんはハァハァしながら、たぶん童貞であろうCさんに、マン毛を掻き分けながら愛撫の指導をしている。

「んん……アッ……」私も思わず声が洩れてしまう。

私の手を押さえつけてたAさんが、そっと立ち上がりズボンとパンツを脱ぎ、私の頭を少し持ち上げると、「はい、咥えて。しごいて」ペニスを顔に近づけてきた。

パクンッ！　私が言われたとおりにすると、「おうぅぅ～～～」すでに硬かったおちん○んが、私の口の中でパンパンに腫れていく。

「舐めてもいいっすか？」Cさんがクリトリスの先っぽをペロペロ舐め始め、「んんふぁ……ふぉ……」Aさんのを咥えたまま、私は喘ぎ声を出した。

「社長、こっちと替わりますか？」

「いや、俺はオッパイフェチだからな。お前ら、先にヤッていいぞ」

社長の許可が下りるや否や、Bさんは素早くトランクスを脱ぎ捨て、黒光りする巨根を私のオマ○コに突き刺してきた。

「んぐぅ〜〜んぐぅ〜〜〜」上の口にはAさんのおちん○ん、下の口にはBさんのおちん○んが……な、なんて卑猥なセックス！　まるでAVさながらのシチュエーションに私は気絶しそうなほど感じていた。これ以上、出るものはないんじゃないかと思うほど、アソコを大量の汁で濡らしまくって……。

「んぐぅ〜〜（いく〜〜）」Bさんの激しいピストン運動に腰が砕けそうになりながら私は果て、Bさんも果て、Aさんは私の口の中にたっぷり射精した。

Bさんがひょいと身をのけると、Cさんがすぐさま挿入してきた。

パンパンパンパンパンパンパンパン……！

さすが若いわ、Cさん！　汗まみれになりながら、もの凄い速さで突いたり引いたり……しかも強い！　全然イキそうにないじゃないの、このヒト。

（アソコが壊れちゃいそう……でも、感じる……ほら、もう次の波がきた……）

「んんん〜〜〜あああああ〜〜〜イク〜〜〜ッ！」

二回目のエクスタシーは思う存分叫ぶことができた。そして、その声に余計に興奮したのか、すぐにCさんも絶頂に達した。

Aさんも Bさんも Cさんも、イッた途端に疲れが出たのか、酒が回ったのか、それぞれお股にティッシュを挟んだまんま、横になって眠り始めた。

「よしよし。それじゃあ大トリを務めるとしますか」オッパイに執着していた社長がムクッと起き、私のオマ○コに再びおちん○んが入ってきたんだけど、「すごい！」思わず口走ってしまったのは、五十を軽く過ぎた社長が誰よりもデカチンだったこと！

しかも自分がイクことだけじゃなく、「ここは？　いいの？　感じる？」と私の感度をいちいち確かめてくれる。デカチンはゆ〜っくり私のGスポットを突き、「んん〜〜〜」と私が喘ぐと、嬉しそうな顔でそこを何度もグリグリしてくれる。

「いいですぅ〜〜そこ……そこ……もっと突い……て……」

濡れまくってる膣内を、グニンッグニンッ……デカチンが掻き回す音がする。

「ハァハァハァ……そろそろしごいてもいいかな？」

「はい……しごいて、早く！」その合図で社長は腰を激しく動かし始めた。

「おうっ、おうっ、おうっ！」

社長は上体を大きくのけ反らせながら、

「い、い……ひっ……」言葉にならない言葉を発し、そして見事に放ち散った。

私も、もちろんイッた。今夜、いったい何回果てたかわからない。

社長さんは私から身を離し、ゴロンッと上向きに寝転がりながら、

「これからもよろしく頼むよ。特別手当も出すからさぁ」

「ほんとですかぁ？　はい、わかりました。こちらこそよろしくですっ」

ああ、一度味わった５Ｐの快感……お手当ももらえるっていう話だし……。

ここは最高の就職先だわ！

第二章

一期一会に濡れ悶えて

■私はテーブルの下の手を太腿から足の付け根のほう、船井先生の股間へと滑らせて……

憧れの外科医を誘惑し、その精液をむさぼり受けた私！

投稿者 武庫川愛菜（仮名）／26歳／看護師

それは、今年採用になった新人看護師の歓迎会の日のことだった。

普段、私はあまり飲まないほうなのだけど、その日はなんだかやたらテンションが上がり、お酒が美味しくてグイグイ飲んでしまい……それというのも、私の憧れの船井先生がいたせいだ。

わが病院の外科のエースである船井先生（三十一歳）は、外科医としての腕もいい上に、今人気の俳優、賀来○人も顔負けのイケメンときていて、私のみならず、うちの全独身看護師の憧れ的存在だった。でも、そんな彼と院長の一人娘との縁談が密かに進んでいるという噂があって、皆、そりゃもう気が気じゃなかった。まあ、もしそれが本当の話だったら、私らなんか万に一つも勝ち目はないわけだけど。

超ラッキーなことに、歓迎会の居酒屋で、その船井先生と隣りの席になった私は、さっきも書いたとおりやたら飲んでしまい、たいがい酔っぱらった挙句、彼にしなだれかかるようにして、からみ酒。

「ねえ、先生、院長のお嬢さんと結婚するって話、本当ですか？」

「ああ、なんかもっぱらその話でもちきりらしいね。うん、まあ、一応つきあってるのは本当だけど、まだ結婚まではなあ……」

「ええっ、でも、もしお婿さんになれば、次期院長の座が待ってるわけですよお？　チョー逆タマじゃないですかあ！」

「ははは、そんなの変なドラマの観すぎだよ。今どきはやらないって、そんな政略結婚みたいな話。一応院長の勧めもあってつきあってるけど、彼女のほうがそのうち僕なんかイヤだって言うかもしれないしね。まだ全然わかんないって」

船井先生のその話を聞いて、私はがぜん、テンションが上がりまくってしまった。

じゃあ、まだ私（たち）にもチャンスが残されてるってこと？

九回裏、大逆転満塁ホームランもありなわけ？

そして、なんだか私の中の変なスイッチが入ってしまった。

まわりは皆、好き勝手にワイワイ盛り上がり、誰もこちらに目を向けている人間はいないようだった。

私はテーブルの下、船井先生の太腿に手を伸ばし、スラックスの上から撫でさすっていた。学生時代はラグビーをやっていたという話で、なるほど、その筋肉は今でもパンパンに張り、たくましいみなぎりに満ちていた。

おっ、というかんじで、船井先生が私の顔を見てきた。

私も目いっぱい目ヂカラを込めて、それを見返す。

からみ合う視線が熱く蕩けて、私は思わず吐息を漏らしてしまう。

「はぁ……あ……」

そして、テーブルの下の手を太腿から足の付け根のほう、船井先生の股間へと滑らせていった。

指先がもっこりとした膨らみに行き当たった。

私はそれを何度も撫でさすり、生地の下のソレが徐々に硬く、熱く存在感を主張してくるのを感じながら、さらに指先に力を入れ、揉みしだくようにしていった。

「ん……っ、う、ふぅ………」

船井先生が低く小さな呻き声を漏らし、感じてくれているのがわかって嬉しかった。

もう止まらない。

制御が利かなくなった私は、スラックスのファスナーをチーッと下げ、中に指を滑り込ませると、より薄く、ボクサーショーツの生地一枚だけの隔たりとなった、今やパンパンに膨らみ張り詰めた彼のペニスに触れていた。

一番敏感な亀頭の笠の縁部分を、薄衣一枚越しに爪先でツツーッと掻いてあげる。

「……あっ、つう……ふっ……んんっ」

ああ、船井先生の喘ぎを聞くと、こっちも興奮して、アソコが疼いてきちゃう。

私は自分の両太腿をもじもじとこすり合わせ、アソコの昂ぶりを無理やり抑えつけながら、さらにボクサーショーツの内側に手を突っ込ませて、船井先生のペニスに直接触れようとした。だけど……、

「そこまでだ、武庫川さん」

「……っ！」

ああ、やっぱり結局拒絶されてしまった。万事休す。

せっかくいい調子だったのに、私のアタックもここまでだったか……。

思わず落胆する私だったが、次に船井先生が耳元に口を近づけてきて囁いた言葉に、がぜん、内心狂喜乱舞してしまった。

「ねえ、場所変えない？　ここから先は、もっとちゃんとやろうよ」

「は、はい！　じゃあ、私のアパートで……この近くなんです」

「いいねえ」

それから三十分後、一次会が終わった夜九時過ぎ、私と船井先生はこっそり皆から離脱し、そこから歩いて十分ほどのところにある私のアパートに向かったのだった。

そしてアパートに着くと、二人もつれ合うようにして二階への外階段を上り、一番端っこにある私の部屋へ。

玄関のドアを開けると、三和土《たたき》で靴を脱ぐのももどかしく、バラバラと脱ぎ散らかしながら、室内になだれ込んだ。

「ああっ、武庫川さん、まったくオイタが過ぎるんだから！　こっちはきみのせいでもう痛いくらいに勃起しちゃって、ガマンするの大変だったんだよ」

「んもう、苗字で呼ぶのなんてやめてください！　愛菜って呼んで！　ああん……」

「愛菜……っ！」

「はあっ、先生っ！」

もう誰も邪魔する者もなく、私たちはタガが外れてしまったように、お互いを求め合った。三和土を上がってすぐ、四畳半ほどのダイニングキッチンの硬い床に倒れ伏し、息せき切って服を脱がし合う。

船井先生は私のブラを引きちぎるように剝ぎ取ると、露わになった乳房を力任せに揉みしだきながら、唇で乳首を含み、赤ん坊のように一心不乱に吸ってきた。チュウチュウ、チュパチュパと吸引されるたびに、痛みと甘みがないまぜになったような快感が私の全身を走り抜けた。

「ああっ、あっ……ひあっ、んんんっ……ああん〜〜〜〜！」

そうやって二人、すっかり全裸になったあと、シックスナインの格好でお互いの性器を口唇でむさぼり合う。

船井先生のペニスは、私の口の中で一段と硬さと大きさを増したようで、先端から甘苦い汁を滲ませながら、喉奥までズンズンと押し入ってくる。

「んぐぅ、ぐふっ……ふぅっ、んぐふぅ……！」

息苦しくてつらいけど、同時にえも言われず気持ちいい……私、今大好きな船井先生に犯されてるんだわ！

そういう私も、すっかりじゅくじゅくの肉ひだを船井先生の舌で掻き回され、ぷっくりと膨れ上がった肉豆を転がされ、啜り上げられて……！

「ああっ、愛菜っ……もう、入れるよ……いいかい？」

船井先生、とうとう限界まで来たようで、そう言って本番に向けて体勢を変えてきた。もちろん私だって同じ、もう早く入れてほしくって仕方ない。

「ああん、きてっ……先生のオチ○ポ、私のマ○コに入れてぇっ！」

そして次の瞬間、熱くて強烈な一撃が私の中へ……！

「おおっ、愛菜の中……すごいヌルヌルで、締め付けてくるっ……！」

「ああん、先生のも硬くておっきくて……気持ちいい～～～～っ！」

そして激しいピストン。

私も両脚を彼の腰に巻き付けて締め上げるようにして。

より深く、よりきつく。

ああ、いよいよくる……っ！

「あ、ああ、あああああ～～～～～～～～～っ！」

船井先生の熱いほとばしりが私の中で炸裂し、それを胎内奥深くで貪欲に受け止めながら、私も達してしまった。

これは今から二ヶ月ほど前の出来事。

ああ、妊娠してないかなあ～……。

■お湯の中でも互いの性器が刺激し合い、周囲にヌルヌルとした感触を醸し出して……

傷心旅行の温泉宿で味わった感動のアバンチュール快感！

投稿者 草薙梨花（仮名）／24歳／OL

一年つきあったカレと、手痛い別れ方をしてしまいました。

いきなりカレから「おまえより好きな相手ができた」って言われて……一方的にふられちゃったんです。まあ、考えようによっては、黙って二股かけられるよりは、よかったかもしれませんけどね。

でも、そうは言っても、そのショックと悲しみは大きくて。

私は週末、一人、一泊二日の傷心旅行に出かけることにしました。いやなこと全部忘れて、いい景色を見て、美味しいものを食べれば、きっとスッキリと気分転換できるだろうと思って。

行き先は北陸のほうにしました。ちょうど冬場でカニの美味しい季節ということで、よし、この際そのくらいの贅沢をしてもバチは当たらないだろうと。

ネットで調べて評判がよさげだったので予約したその旅館は、木造の風格あるたたずまいがとってもすてきな宿で、仲居さんたちもすごく温かな雰囲気で出迎えてくれて、思わず嬉しくなってしまいました。ひょっとしたら、私の一人旅の理由を察して、気を利かして接してくれたのかもしれませんが。

お昼過ぎにチェックインした私は、夕方まで近辺の観光スポットをいくつか見て回ったあと、お楽しみの夕食前に温泉に浸かることにしました。

すると、なんとそこは男女混浴だったんです！

一瞬、私がびびると、仲居さんがいたずらっぽく苦笑しながら、

「あら、今どきそれがうちの宿の一つの〝売り〟やったんですけど、ご存知なかったんですか……でもまあ、今日は泊まりのお客さんがすごく少ないですから、そうそう浴場で男客さんに出くわすこともないと思いますよ」

と言い、ああ、私ってばカニに夢中なあまり、その辺の情報をまんまと見逃しちゃったのね……と、我ながら情けないやらおかしいやら。

部屋にはちゃんと内風呂もあったのですが、やっぱり味気ないし……、結局、せっかくなので、やはり思いきって温泉に浸かりに行くことにしました。

浴衣に着替えて大浴場に行くと、確かに仲居さんが言っていたとおり、男客どころか私の他には誰もいないようで、ほっと一安心しながら体を洗い、広い湯船に身を沈

めました。すこし粘度のある泉質が肌にとってもやさしくて、いかにもスベスベにしてくれるような感じで……もう最高に気持ちいい浸かり心地でした。

と、そのときです。

誰かが浴場に入ってくる気配を感じたのは。

どうやら向こうも一人のようで話し声は聞こえず、最初様子は窺えませんでしたが、湯煙の中から浮かび上がってきたシルエットは……まぎれもない男性の体格でした。

うっわ、マジ⁉

私はもうやたらドキドキしてしまい、そのまま顎のところまで深く身を湯船に沈めるしかありませんでした。このまま存在を気づかれずにやり過ごせますようにと願いながら。ところが……。

「あっ！　先客がいらっしゃいましたか！　これは失礼」

年の頃は三十歳くらいと思われるその男性はまんまと私に気づき、それでも遠巻きにしてくれるだろうと思ったのですが、浴びせ湯をしたあと湯船に入り、なんと二メートルくらい先まで私に近づいてきたんです！

「いやあ、これも何かの縁ですよね。旅は道連れ、少しお話しでもしませんか？」

彼はそう言うとさらに近づき、もう私たちの距離はほんの一メートルほど。

「えっ、いや、あの、その……」

私は焦る一方で、ちゃんと遠慮の言葉を伝えることもできず、そのまま彼が色々と話すのを、ただただ黙って聞き続ける形になってしまいました。

そして十分近くが経ったでしょうか。私は最初から合わせて十五分ほども熱い湯に浸かりっぱなし状態になり……とうとうのぼせてしまったんです。

しばらく意識が飛び、ふと気づくと……。

私は湯船の中、彼に背中を預けて抱かれる格好で身を任せていたんです。

すぐ近くに大きな蛇口があって、そこから冷たい水が流れ込んでお湯をうめてくれているようで、周囲は心地よい湯温に包まれていました。

「あ、気づきましたか？　いやあ、びっくりしたなあ。いきなり湯船の中にズルズルと沈み込んでいくもんだから。でも、かといって裸のままお湯から外に出しちゃうのも申し訳ないかと思って……こうやってのぼせを収めようと思ったんです。大丈夫ですか？」

私のすぐうなじのところで彼がやさしく話してくれて、私は見ず知らずの男性に裸で抱かれているというとんでもない状況にも拘わらず、その心遣いに胸を打たれ、思わずこみ上げてしまいました。

「うっ、うう……えっ、えっ、んぐっ……」

「えっ、ええっ？　ちょ、な、なんで……あ、あのっ……！」

そして、うろたえる彼のほうに身をよじって向き直ると、驚いたことに自分から口づけしてしまっていたんです。

あの恋人からの衝撃のふられ方からまだ日も浅く、悲しみとダメージで弱り切っている心に、彼のやさしい心遣いが本当に染みて……衝動的にそんな行動に走ってしまったんだと思います。

そして、いったん走り出した自分の衝動を止めることは、もうできませんでした。

湯船の中、乳房が彼の胸に押し当たってひしゃげるのもかまわず、私は彼の唇を吸い続け、舌をからめむさぼり吸っていました。

そのうち、彼のほうも察してくれたようでした。

無言で私の裸の背中を抱きしめると、ぎゅ～っと力をこめて引き寄せてくれました。そして向こうからも熱い口づけを返してくれて……あっ！

私の股間の辺りに、彼の昂ぶったペニスが当たり、いやが上にもその存在を主張していました。私はかまわずそのまま身をからませたままにしていると、今度はどんどん自分のアソコが潤んでくるのがわかりました。

お湯の中でも互いの性器が刺激し合い、周囲にヌルヌルとした感触を醸し出していくのがわかります。

「あ、ああ……」

思わず私が官能に昂ぶった喘ぎ声をあげると、彼は唇を離して、少し私の体を持ち上げるようにし、湯船から顔を出した乳房を舐め始めました。ちゃぷ、ちゃぷ……とお湯の波音をたてながら乳首を吸い、全体を揉みしだいてくれて……。

「ああん、はぁっ、ううん……あふぅ……」

私はその快感に身悶えしながら、さらに下半身のうねりを激しくして、彼のペニスに自分のアソコをヌルヌルとからみつけました。

「うっ……ん、ふうっ……！」

すると、彼はいよいよ限界に達してしまったようで、私の腰を摑んで軽く持ち上げると、自分のペニスの上にかざして、そのままヌプヌプとアソコの中に沈め込んできました。硬くて熱い塊が、奥へ奥へと突き入ってきます。

「はぁっ、ああっ……あふぅ……ひああっ！」

「うっ、はぁ……はっ、はっ、はっ……！」

湯船の中、私たちはリズミカルに交わり合い、ものの五分とかからず、双方絶頂を迎えてしまいました。彼が浴場に入ってきた最初から計算しても、全部でほんの三十分足らずの出来事でした。

もちろんそのあと、私は自分の部屋に戻って夕食をとり、思う存分美味しいカニを楽しみましたが、ちゃんと、彼の部屋番号を聞くことは忘れませんでした。

夕食後、あらためて彼の部屋を訪れ、もう一度、今度は布団の上でじっくり、たっぷり、二時間ほども深く愛し合ったんです。

翌日、私は心身ともにすっきりと爽快な状態で宿を立ち、日常に戻りました。

彼の連絡先を聞くことはしませんでした。

忘れられない、一期一会のアバンチュールの思い出です。

■見知らぬ彼は壁板が壊れんばかりの勢いでドスン、ドスンと腰をぶつけてきて……

夜の公園トイレでの壁穴越しセックスの快感に溺れて！

投稿者 野中萌絵（仮名）／32歳／専業主婦

今日は、私のとんでもない淫乱ぶり、というか、変態？　ぶりをお話ししちゃいますね。引かないで聞いてもらえます？

ある日、手持無沙汰にインターネットで、私が住んでいる辺りの『ミステリアス・スポット』について検索してたんです。まあたいていが、「霊が出る」とか「呪われてる」、「奇妙な現象が起こる」みたいな、怖い系の話で、もちろんそういうのも嫌いじゃないのだけど、その中で一つ、ひと際異色のネタがあったんです。私は思わず食い入るようにその内容を読んでしまいました。

それはこんな内容でした。

○×町三丁目にある△△□公園。昼間は近所の子供連れのママたちが集まり交流し、楽し気な笑い声が絶えないのどかで平和な場所だが、夜ともなるとその空気は一変する。公園の一番奥にある公衆トイレ。そこには個室トイレが隣り合って二つあるのだが、その間仕切りの壁には直径七～八センチ大の穴がぽっかりと開いていて、個室同士をつなぐ形になっているのだ。地上だいたい六十～七十センチ辺りの位置にあり、覗き穴レベルではないその異質な存在感が意味するもの……それはここが、この穴を使って、お互いに顔バレする心配なく、見知らぬ男女が一つにつながり、ふれあい、ゆきずりの関係を愉しむ場であるということ……。

「マジ……⁉」

その内容を読んだ私は、にわかには信じられませんでした。

△△□公園といえば、うちからほんの徒歩五分ばかりの目と鼻の先。あのごく普通の公園で、夜な夜な密かにそんなことが行われているなんて……まあ普通なら、ネットにはびこるふざけた与太話として一笑に付すところでしょう。実際、そのときは私もそうしました。ああ、あほらしい、って。

でも。

日増しにその話は、私の中で少しずつ大きな存在に育っていき、なんだかもう居ても立ってもいられない、一度この身で実際に確かめなければ収まらない……心身ともにそんな状況まで行き着いてしまったんです。

それは、今私が置かれている境遇に大きく関係していたのだと思います。

私はつい昨年結婚したばかりで、やさしい夫に愛されてとても幸せな夫婦生活を送っていたのですが、そんな夫が単身赴任で遠く離れた北海道に行ってしまったんです。一人残された私は、毎日夫と電話で話すことで寂しさをまぎらせ、精いっぱい元気を出して暮らしていたのですが、知らず知らずのうちに、満たされない心と、そしてカラダは限界を迎えてしまっていたのでしょう。

ああ、オナニーなんかじゃ収まらない！　あの人の生身の温もりが欲しい！

でも、夫を求めることは不可能です。

もう誰でもいい、誰かと深く、きつく交わりたい！

そんな欲望テンションがＭＡＸに達してしまったある夜、私はとうとう、公園に向かってしまっていたんです。

土曜の夜十二時すぎ。ぽつぽつと照明は灯っているものの、全体としては暗く沈んだ公園の隅の一角、そこだけひと際明るい灯りを発しながら、トイレはありました。私は息を潜めて近づいていきました。

と、その私の前を歩く男性らしき人影が、先にトイレに入っていったんです。

がぜん、私の心臓の鼓動はドキドキと高鳴りました。

あの人はただのトイレ利用者？　それとも……？

小さいトイレなので男性用・女性用などの区別のない、その中に足を踏み入れると、一つの個室のほうの扉が閉まっていました。

私は思い切って、その隣り合うもう一つの個室に入り、内鍵をかけました。

すると隣りの壁越しに、「こんばんは」とやさしい感じの男性の声が聞こえました。それで私も、「あ、こんばんは」と応えました。

もうそれで、お互いの意思の疎通は図られたということなのでしょう。カチャカチャ、とズボンのベルトが外されるような音がしたかと思うと、いきなりニュッと例の穴から男根が突き出されてきたんです。

それはもうすでに、ビンビンに硬く大きく勃起していました。私は初めてでしたが、おそらく彼のほうはもう幾度かここを利用しているのでしょう。その快感の経験則からくる興奮ゆえ、無条件にこんなになってしまっているのだと思います。

私のほうも、最初はちょっとうろたえたものの、すぐに溜まりに溜まった欲望の昂ぶりが勝ってきて……ジーンズが汚れることも気にせず、床にひざまずいてその男根を口に含んでいました。それはあらかじめきれいに清拭されていたようで、いやな臭いもせず、舐めることにまったく抵抗を感じませんでした。

大きく広がった亀頭の笠、その縁をなぞるように舌を這わせ、くぼんだ鈴口のところを舌先でほじくるようにして……私がいつも夫にしてあげる口戯で責め立ててあげると、男根はビクビクと全身を震わせ、より勃起の傾斜角度をきつくさせました。

「あ、はあ、はあ……奥さん、とっても上手だね」

なんで最初から私のこと『奥さん』設定なのよ？　と、ちょっと不満に思いましたが、まあ当たってるから仕方ありません。それよりも、私のほうもどんどん昂ぶってきてしまって、しゃぶりながら自分のアソコをいじくらずにはいられない有様です。蜜にまみれた肉裂がクチョ、ヌチュ、ジュル……と濡れた音をたてるのが聞こえると、向こうの彼のほうもますますテンションを上げて、

「ああ、奥さんもすごい興奮してるんだね……さあ、じゃあそろそろお互いに一つになろうか。ほら、この穴にオマ○コくっつけて。前からよりも後ろ、バックでお尻を突き出す格好のほうがやりやすいよ。手を伸ばして反対側の壁に手をついて支えて」

彼の勝手知ったる指示に従い、私はジーンズと下着を膝のところまで下ろすと、剝き身になったアソコをバックから壁の穴にあてがいました。

すると、そこにヌプ……と、最初の熱い接触があり、次いでズプ、ズププ……と、たくましい肉棒が押し入ってくると、そのまま壁越しに激しくピストンを繰り出してきました。

「あっ、はぁ……あっ、あっ、あっ……んはぁ！」

実に久しぶりの生チ○ポの挿入の感触に、私はたまらず喘いでしまいました。大きく抜き差しされるたびに、体中の性感が弾け飛んでしまうようです。

「ああっ、いい、いいのぉ……もっと、もっと深く突いてぇっ！」

「ああ、奥さん、うっ、ううっ、はっ、はあっ……！」

彼は私の淫らな要請に応え、壁板が壊れんばかりの勢いでドスン、ドスンと腰をぶつけ、穴一つでつながった私の肉体をこれでもかと貫きました。

「あ、もうダメ……ああ、イク、イク……んあ〜〜〜〜っ！」

「う、ううっ、奥さん……くはあっ！」

そして、爆発するような快感の中、私と彼はともにフィニッシュを迎えたんです。

それはもう衝撃的すぎるエクスタシー体験でした。

それ以来、私はもう完全にこのゆきずりの、公衆トイレ壁越しプレイの虜……月に二〜三回は夜の公園に出没して、乱れまくっているというわけなんです。

ね、ド変態でしょ？　あ、やっぱり引きました？（笑）

■からみ合った唾液が私たちの間で妖しく糸を引き、ギラギラと淫らな輝きを放って……

女子高同窓会で味わった驚愕のレズビアン・エクスタシー

投稿者 葛西ひより（仮名）／28歳／美容師

高校のクラス会に参加した。

私は女子高だったのだけど、今も美容師という職業柄、どうしても同性と接することのほうが多いので、またわざわざそんな女だらけの場へ行くなんて、普段の私からしたら考えられないことではあるが、そのときの精神状態はちょっと特殊で……ちょうど同棲している彼氏の浮気がばれたところで、家の中はバチバチの険悪状態。男ってものへの不信感もあいまって、気分転換のつもりで行ってみることにしたのだ。

参加者は全部で三十人近くで、クラスの半数以上が来ていた。

卒業以来ほぼ十年ぶりに顔を合わす旧友たちとの再会は思いの他楽しくて、私は時間の経つのも忘れて、ワイングラスを次々と空けながら、おしゃべりに興じた。

中でも、ルミとさやかという、当時一番仲のよかった二人との再会には想像以上に心が躍り、次から次へと溢れ出してくる楽しい思い出話がもう止まらなくて、いくらしゃべっても盛り上がりっぱなしだった。

そんな調子で二次会でも彼女たちとさんざん話した挙句、ふと時計を見るともう十一時すぎ。でも、冷戦状態の彼氏のいる家に帰る気にはどうしてもならない。結局、さやかの一人住まいのアパートがこの近所だというので、引き続き三人でしゃべり明かし、飲み明かししようということになった。

銀行勤めをしているというさやかの部屋は、まさにそんな雰囲気できちんと片付き整理整頓されていて、常に雑然と散らかっているうちとは大違いだった。大手クリーニングチェーン店で働いているルミは、実はそれなりにさやかとのつきあいがあって何度か来たことがあるといい、私と違って驚きはないようだった。

そして夜中の十二時近くから、三人だけの三次会が始まった。

しゃべって、飲んで、またしゃべって……そうこうするうちあっという間に時計の針は二時半を回っていた。私ももうさすがにくたびれてきた。いい加減酔っていたし、しゃべり疲れた感があって、意識は朦朧、呂律も怪しくなってきて、

「ごめ～ん、あたし、もうゲンカ～イ……寝てもいい～～？」

そう言って、腰かけていたさやかのベッドの上でばったりと倒れ、大の字になってしまった。すると、

「ちょっと、ひより～、ダメだよ～！　本番はこれからなのに～……」

「そうだよ、寝ちゃうなんて許してあげないんだから」

ルミとさやかは口々にそう言って私を非難してくる。

「う～ん、そんなこと言ったって～～～……」

と、ますます怪しくなってきた意識の中、そう文句を言う私。

次の瞬間、何が起こったのかわからなかった。

一気に体全体に重みを感じ、私はその重圧に喘いでしまった。

なんと、ルミとさやかが二人同時に私に覆いかぶさってきたのだ。

そして、信じられないことに、ルミが私の唇にキスしてきた。しかも、舌をからめむさぼるように唾液を啜りあげる、思いっきり濃厚でディープなやつ。

「……んんんっ、ん、んぐふ、うぶぅ……」

焦った私は、抗おうにも二人の体の重みで身じろぐことさえできない。ただ唇を吸われるしかない状況に甘んじていると、なんと、あのさやかまで……ボタンを外して服の前を開けると、いとも簡単にブラを取り去り、私の胸を舐めてきたのだ。この目で見ることはできないが、乳房全体を揉みしだかれながら、舌がチロチロと乳首にからみつき、チュ～ッと吸い上げられるのがいやでもわかり、ルミのディープな舌戯とあいまって、否定しようのない快感が体中を侵していくのが感じられる。

「んぐっ、うう……んん、くふっ……うふぅっ………」

脳髄が痺れるような感覚に呑み込まれながら、私は考えていた。

ルミとさやかって、こういう人たちだったの？　レズビアン？　そりゃあ女子高時代は冗談っぽく、ちょっとキスしたり触り合ったりしてじゃれるくらいのことはしたけど、そんなの私はあくまでお遊びのつもりだった。でも、二人にとっては本気だったってこと？　そして今、大人になって誰はばかることなく、私をその本物の世界に引きずりこもうと……!?

「ぷ、はぁっ……ごめん、ひより、びっくりした？　でも許してね、私もさやかもうずっと昔から、あんたのこと大好きで仕方なくて……いつか、三人で愛し合うことが夢だったんだ」

「……そ、私とルミはもう何度も二人で愛し合ってるけど、やっぱりひよりと三人でなきゃねって……ああ、それにしてもひよりのオッパイ、柔らかくて甘くて、ほんと美味しい……んちゅっ」

「あ、ああっ……！」

さやかに乳首を吸われ、二人の知られざる想いを聞きながら、不思議なことに私はそれほど抵抗を感じなかった。やっぱり、彼氏の浮気からくる男への不信感が根底にあるのかもしれない。それに引き換え、彼女たちの私に対する想いのなんて一途なこと……そう思うと、もう無性に二人に対する愛しさがこみ上げてきた。

「ああ、二人とも……私、全然いやじゃないよ。なんだかとっても嬉しい」

「ほんと!? マジ? 嬉しいっ！」

「やったね、ルミ！ ひより、ありがとう！」

三人の気持ちが一つになった。

もうさえぎるものはなくなった。

私たちはそれぞれ服を脱いで裸になった。

あらためて、二人が私にからんできた。

そう、結局、私はこの世界ではずぶの初心者。まずは二人に任せるしかないのだ。

今度は三人でお互いの唇を奪い合うようにしてキスした。からみ合った唾液が私たちの間で妖しく糸を引き、ギラギラと淫らな輝きを放っている。

「はぁ……ふぅ、んんんっ……ああ……」

そして私は再びベッドに寝かされ、ルミとさやかが待ってましたとばかりに淫行を再スタートさせる。淫らな配置換え。今度はルミが私の胸にとりつき、さやかはなんと、両脚を大きく開かせて私の股間の中心に顔を寄せてきた。

「……ああっ、そ、そんな……恥ずかしいっ！」

そう言う私に、さやかは言う。

「大丈夫だよ、ひより。ちょっと紫がかってるけど、ぷっくり肉厚でとってもきれいなオマ○コだよ。たっぷり味わわせてね」

そして、えも言われぬ侵入感が襲いかかってきた。

さやかの舌が私の内部で未知の軟体動物のように妖しくうごめき、肉ひだを絶妙のタッチでねぶり回してくる。それは男の分厚い舌による武骨なオーラルプレイとは大違いだった。女ならではの柔らかな肉感と繊細な動きに翻弄され、私は甘美な恍惚感に呑み込まれていった。

「ひあっ、はあっ、ああん……感じるぅ……こ、こんなのはじめてぇっ！　よ、よすぎちゃう～～～っ！」

「ああ、ひより、そんなに感じてくれて嬉しいわっ！　じゃあ今度はみんな一緒に気持ちよくなろうね！」

ルミが私の胸から口を離してそう言うと、さやかも応じて体を起こし、私は彼女たちに指示されるままに体勢を変え、狭いベッドの上で、私たちは一つの輪のようになってつながった。

さやかがルミのアソコを、ルミが私のアソコを、そして私がさやかのアソコをオーラルプレイで責め、愛する格好だ。

さやかとはまた一味違うルミの舌戯に性感をわななかせながら、私も必死でさやかの肉芯をしゃぶり愛した。熱く蕩けきって、それはもうすごい乱れ具合だった。

「あふぅ……ああん、はぁっ……はっ！」

ルミも悶絶の喘ぎをあげ、それが合図になったかのように、私たち三人、一斉にクライマックスに向かって、愛戯のエンジンを全開にした。

「はうっ……んぐっ、んひ〜〜〜〜〜〜〜〜っ！」

「あ、はあん、はぐっ……ううぅっ！」

そして、三人足並みそろえて、絶頂に達していた。

「ほんと、ありがとうね、ひより。私たちの想いに応えてくれて」

ルミとさやかからそう言って感謝され、ううん、こっちこそ、と言って私たちは別れ、またそれぞれの生活に戻っていった。

きっと忘れられない夜になる、私はそう思ったのだ。

■私は彼のペニスを自慢のバキュームフェラで吸い責めたて、玉袋まで口の中に……

スーパー倉庫の薄暗い静寂を震わす魅惑の視察カイカン

投稿者　三沢あゆみ（仮名）／36歳／パート主婦

私、近所のスーパーでパート勤めしてます。もうかれこれキャリア三年っていうところだから、それなりのベテランといえるでしょう。少し前にけっこうな数のベテランさんたちが辞めちゃって、今はかなり新人さんが増えたので、必然的に私がパート・リーダー的な立ち位置になっちゃってます。

うちのスーパーは県内で五店舗をチェーン展開していて、まあまあの規模なんですが、つい先月、それらを統括するエグゼクティブ・マネージャーっていう、いわば全店長の中のリーダー的なエライ役職の人が視察に来ることになりました。すると必然的に、私はうちの店長の補佐的な役割を任されて、二人でそのエライ人の視察をアテンドしなきゃいけないはめになっちゃったんです。

「遠藤EM（エグゼクティブ・マネージャーの略称）、若くてキレ者だけど、けっこう気難しいっていう噂なんだよね。三沢さん、美人で人当たりもいいから。彼の接待役、よろしく頼むよ」

なんて、店長からムチャぶりされちゃう始末。

ええ、まあ、仕方ないですね。一生懸命やらせていただきます、って答えるしかありませんでした。まあ自分で言うのもなんですが、ここで一番イケてる女性スタッフは私だって自負もありましたし……そこをくすぐられちゃうとね？

そして視察当日、お昼少し過ぎに遠藤ＥＭがやってきました。

歳はたしか四十歳という話でしたが、その年齢で全店舗を統括しているエリートだという自信がなせる業でしょうか、実年齢以上の重厚な風格を感じさせる雰囲気がありました。でもそれは決して老けているというわけではなく、同時にギラギラとエネルギッシュなオーラを発してもいました。

ある意味それは、ムンムンとした男のフェロモンのようなものでした。私は彼の近くに行くと、なんだかドキドキと心臓の鼓動が高鳴り、フワフワと浮足立ったような気分になってしまいました。

ああ、ヤバイ……私、この人に抱かれたがってる……。

青果売り場、鮮魚売り場、精肉売り場、お菓子売り場……と、店長を補佐しつつ、遠藤ＥＭを店内のあちこちへ案内しながら、私は心ここにあらず状態でした。

「ちょっと三沢さん、大丈夫？　なんだかぼーっとしてない？」

肘で小突かれながら、店長にヒソヒソ声でそう注意されちゃう始末。

「だ、大丈夫です！　なんだか急に熱っぽくなっちゃったみたいで。風邪かな？」

と言ってごまかしましたが、熱っぽい理由は別ですよね。遠藤ＥＭのむせ返るような男のフェロモンにあてられて、いわば女の本能を火照らせちゃってるわけです。

そのとき、ふと遠藤ＥＭの顔を窺ったのですが、そこに浮かんでいたのは、私に向けられた好色そうな笑みでした。

わわっ、ひょっとして見透かされちゃってる？

そんな私の懸念は、次の遠藤ＥＭの言葉で裏付けられました。

「あ、じゃあ店長はもう現場に戻っていいですよ。あとは三沢さんに案内してもらいますから。そのほうが三沢さんもリラックスして従業員としてのホンネを語ってくれそうだし」

「は、はは、やだな〜、遠藤さんったら。そんなまるで私がパートさんたちを抑えつけてるみたいな言い方……私はいたって話のわかる上司ですよ、ははっ……」

まあ、おおむねそのとおりではあるわね。

私は内心そうひとりごちながら、遠藤ＥＭの要望に従い、あらためて一人で案内を再開しました。

そして、遠藤ＥＭと二人、バックヤードにある乾物倉庫へと足を踏み入れたときのことでした。

照明設備ももうかなり古く薄暗い倉庫の中で、私はいきなり後ろから遠藤ＥＭに抱きすくめられてしまったんです。

「あっ！　あ、あの……遠藤さん、い、いったい何をっ……!?」

私は、思いのほかガッチリと力強い遠藤ＥＭの腕の中で身をくねらせながら、そう言って抵抗を試みました。でも、遠藤ＥＭは、

「何って、あなたがしてほしがってることをやってあげてるだけですよ。僕に抱かれたくってどうしようもなかったんでしょ？　え？」

と、薄笑いを浮かべながら言い、さらに私の服の上から胸を揉みしだくようにしてきました。従業員の制服とブラごと乳房をワシワシ、ムギュムギュと揉み回されながら、決して痛みだけではない、甘い刺激が送り込まれてきます。

「えっ、そ、そんな……ことない……っ……んんっ、はぁっ……」

「ほらほら、いくら口ではそんなふうに言っても、カラダは正直だ。僕の愛撫に応えて、芯のほうから熱くほどけていくのがわかるよ。さあ、こんな服なんて脱いじゃお

うね？」

「あっ、で、でも、いつ売り場のほうから品出し補充しに来るか……」

私が身悶えしながら言うと、遠藤ＥＭは、

「大丈夫、前もってさっき、倉庫の鍵を内側から締めといたから。誰も入って来れやしないよ。僕たち二人だけ、とことん楽しもうよ、ね？」

と答え、またたく間に私を全裸に剝いてしまうと、続いて自分も全部、服を脱ぎました。

醸し出す濃厚なフェロモンに負けない、クラクラしちゃうようなたくましいオスの肉体がそこにはありました。

「三沢さん、たしか三十六とか言ってたっけ？　いや全然、これなら二十代の女の子にだって負けないよ。メチャクチャいいカラダしてる……サイコーだよ！」

「あ、あん……遠藤さんも……すごい立派なカラダ……」

今や私も下手な抵抗をすることはやめて、気分も盛り上がってきていました。こうなったら、とことん楽しんだほうが得です。うちに帰ったって、どうせ夫とはセックスレスなんだから。

私と遠藤ＥＭは、倉庫の隅にある休憩用の古びたソファの上に二人で倒れ込み、お互いの体を無我夢中でまさぐり合いました。私の手に触れた彼の性器はまたたく間に硬く大きく身を奮い立たせ、その燃えるように熱いエネルギーが私のカラダの奥深く、中心のほうまで脈々と伝わってくるようでした。

いつしか私たちはシックスナインの体勢になって、お互いの性器を舐めしゃぶり合っていました。彼に肉ヒダの奥の奥までほじくられ、搔き回され、私のアソコはもうトロトロに蕩けきって……私も負けじと彼のペニスを自慢のバキュームフェラで吸い責めたて、玉袋まで口の中に含んで転がし弄びました。

「あ、ああ……三沢さん、すごいなあ。これ以上されたら、僕、本番前にイッちゃいそうだよ。ほら、三沢さんだって、こんなグチョグチョにしちゃって、もう限界寸前なんじゃないの？　さあ、いよいよ本格的に合体しようよ、ね？」

「は、はあ……え、ええ……遠藤さん、き、きてぇ……」

「ああ、いくよ、入れちゃうよ！」

私は遠藤さんの野太く硬いペニスを膣肉の奥深くで受け入れ、むさぼるように喰い締めました。私の胎内で次々と快感の火花が爆ぜていきます。

「あっ、あっ、あっ……はぁ、あああんっ！」

「うう、す、すごいよ、三沢さんのマ〇コ……熱くてキツくて……僕のチ〇ポ、蕩け落ちちゃいそうだあっ！」

二人の肉の合体深度がより深く、きつくなりました。

「ああっ、あ、くる……くるわっ、はう……ああん！」

「ぼ、僕ももう……で、出る……う、ううっ！」

「ひあああああっ！」

私は遠藤ＥＭの射精を膣肉の奥深くで受け止め、ビクビクと身を跳ね震わせながら、自らも絶頂に達していました。

十分後、私と遠藤ＥＭは服を着て身づくろいをし、何食わぬ顔で店長たちのいる売り場のほうへと戻っていきました。

それにしても遠藤ＥＭのセックス、すごかったなあ。

その快感の余韻を反芻しながら、早く次のＥＭ視察日程がやってこないかと待ちきれない思いの私なのです。

■乳首に直接運転手さんの唇が吸いつき、ベロベロと舐め回しながらむさぼってきて……

カラダでタクシー代を支払った真夜中の快感アクシデント

投稿者 小峰麗奈（仮名）／23歳／OL

その日は給料日直後の金曜……いわゆるハナ金（死語？）で、会社の仲のいい同僚たちと楽しく飲んで食べて、盛大に一人一万円近く使っちゃったかな。ふと気づくともう終電も終わってて、皆と別れたあと、私は財布にゆとりがあることもあって、なんも考えずにタクシーに向かって手を挙げたんです。ここから一人暮らしの自宅アパートまでは、今の時間帯ならスイスイいって五千円くらい。ま、いっかぁってかんじで。

そしてタクシーが走り出し、後ろ座席で、満腹なのとアルコールの適度な酔いとで心地よくウトウトしてる間に、運転手さんが声をかけてきました。

「お客さん、そろそろ着きますよ。ご自宅までナビしていただけますか？」

わあ、あっという間だったなあ。

スマホで時刻を確認すると、深夜一時半近くになっていました。

「あ、もうここで大丈夫です。こっから歩いてすぐなんで」

私がバッグを開けながらそう言うと、運転手さんは路肩に車を止め、

「はい、五千四百円になります」

と、料金を告げてきました。私は、はーいと言いながら、バッグの中の財布を開けて……と、ところがなんと、そこには千円札一枚しか入ってなかったんです！

ええっ⁉　なんでえ？　私の計算ではまだ優に一万円は入ってたはずなのに……。

でも、現実問題としてそこに一万円札はなく、私は自分の勘違いを恨む他ありませんでした。ま、しょーがない、じゃあカードで……私が言うと、

「お客さん、すみませんねえ。うち、カードだめなんですよ。現金のみで」

運転手さんの言葉に、私は、今どきマジか！　と青ざめてしまいました。

「す、すみません……お金あったはずなのに、実は千円しかなくて……」

間の悪いことに、今自宅にも一銭も現金を置いていないことと合わせて、私は蚊の鳴くような声でそう言いました。まったく、とんだ週末です。

「いや〜、困ったなあ、そんなこと言われても……」

四十がらみと思われる小太りの運転手さんは、そう言いながらバックミラーでしばらく私のことを値踏みするように窺っていましたが、急にガバッとこちらのほうに振

り向くと、こう言ったんです。

「うん、じゃあこうしようか。お客さん、すごく僕好みで可愛いから、その……カラダで払ってくれるんなら、それでＯＫだよ」

うわ、話には聞いたことあるけど、こういうの本当にあるんだ……私は純粋な驚きを覚えながらも、運転手さんのことをもっとよく見ようと目を凝らしました。

小太りではあるけど、顔自体はまあまあかな。清潔感もあるし、死んでもイヤってかんじではないけど……私はある意味もう観念して、抱かれる対象としての相手を品定めしていました。まあ正直、エッチ自体はキライなほうじゃないんで、実はそれほど抵抗感はなかったんです。

「……どう？　まあ、いやだって言うんなら、これから近くの警察に一緒に行ってもらうだけだけど？」

その声に少し恫喝の響きを含ませながら、運転手さんは言いました。

ここはもう、うんと言うしかないでしょう。

私は同意し、運転手さんはニヤリと笑うと車のエンジンをかけ、明るい街灯に照らされた住宅街の一角から、人目につかない暗い雑木林のほうへとタクシーを移動させました。そしてエンジンを切り、後部座席へと乗り込んできました。

私はのしかかられるままに身をシートに横たえるしかなく、鼻息を荒くしながら、運転手さんの顔が間近に迫ってきました。

唇にキスしてこようとしたのですが、なんかそれはイヤで……私が顔をそむけて拒否すると、それ以上無理強いしてこようとはしませんでした。

運転手さんは私の首元に顔を埋め、喉から鎖骨にかけてを舐め回し、チュウチュウと吸ってきました。

ちょっとお、そんなに強くしたら痕がついちゃうよお！　私は困惑しましたが、この週末はカレと会う予定もないので、まいっか、と開き直りました。

スーツの前ボタンが外され、その下の白いブラウス越しに、ブラジャーごと私の胸がギュウギュウと揉みしだかれました。その力が思いのほか強くて、私は痛いっ、と小さく叫んでしまったのですが、運転手さんはますますエロ・テンションが上がるばかりのようで、まったく意に介してくれず、夢中でさらに激しく揉み込んできます。

「はぁはぁ……すげえでかいオッパイ、ほんと、たまんないよ……」

そう言いながら、とうとうブラウスの前もはだけられ、ブラジャーが剥ぎ取られてしまいました。乳首に直接、運転手さんの唇が吸いつき、ベロベロと舐め回しながらチュウチュウとむさぼってきます。

「んあっ……はぁ、ああん……」

「感じるの？　気持ちいいの？　ここがいいの？」

私の喘ぎに気をよくしたかのように矢継ぎ早に聞いてきて、私は実際感じてきてしまっていたので、

「ああ、感じます……んっ、んん、んはぁ……」

と、さらに艶めかしく声をあげました。

「うんうん、そうか、感じるのか……ほんと、可愛いよ」

運転手さんはそう言い、乳首を責めながら、今度は下のほうに手を伸ばしてスカートの中に突っ込み、パンストの上から私の体の一番柔らかい部分をいじくってきました。布地越しでもその刺激はジンジン伝わってきて、私はすぐにそこをはしたなく濡らしてしまいました。

「おお、すごい、もうグチュグチュいってる！　可愛い顔してなんてエロいんだ……こ、このインランＯＬめっ！」

運転手さんはもう大興奮！　息せき切ってズボンを下ろすと、もうすっかり立派に勃起したペニスを振りかざしました。そして、荒々しく私のパンストとスカートを脱がして……。

狭い後部シートの上で、転げ落ちないように必死でバランスをとりながら、運転手さんは私のアソコにペニスを挿入してきて、ガンガンと腰を打ちつけてきました。快感の振動が私の子宮の奥のほうまで震わせてくるようでした。

「あっ、あっ、あっ……いい、ダメ、イッちゃう……！」

私はなんだかあっという間に高まってしまい、そう淫らに喘ぎながら、自分からも腰を迫り上げるようにして押し付けて。

「あう……僕も、うっ……もうっ！」

「んあっ、あ、あああっ！」

私は運転手さんの射精を膣内に感じながら、絶頂に達していました。

「うん、とってもよかったよ。これ、僕の気持ちだから」

ことが終わったあと、運転手さんは運賃をタダにしてくれるどころか、私に三千円を渡してきました。三千円て……ビミョー！（笑）

でもおかげで、千円しか持っていなかった私は、ア○ムとかでキャッシングすることもなく、その週末を乗り切れたんです。

■先生は私のお股から顔を上げ、そそり立ったボクちゃんを再度私のマ○コに……

料理教室のイケメン先生に美味しく激しく調理されて！

投稿者 貴島比呂香（仮名）／29歳／OL

三十歳を目前に未だカレシなし、結婚の予定なし。

そろそろお見合いパーティなんぞに参加してみようかと考えていたある日のこと、「ねえ、一緒にお料理教室に通わない？」と同僚の美優に誘われた。

「おっ、いいわねぇ」

じゃあ、お見合い前にまずは女子力アップしなくっちゃ！　と、さっそく二人で会社そばのビルにある『MGクッキングスタジオ（仮名）』に入会し、ベーシック夜の部コース全十回をチョイスした。見渡せば会員さんはアラサーの女たちばかり。

その理由は、講師の茂木航平（仮名）先生にあった。このクッキングスタジオの創業者、茂木吉雄（仮名）氏の次男らしい、年は四十歳だとサイトの講師紹介に載っているが、見た目はそれより五～六才は若く見える。長身細身のモデル体型、小麦色に焼けた肌がなんとも清々しい、料理スタジオにいるよりも海のほうが似合いそう……

しかも斎〇工似のエロカッコイイ先生だ。サイトに出てた写真よりも数倍ステキじゃん。私も一目で航平先生のファンになっちゃった。

と同時に、しまったと思った。今朝出がけにエプロンと三角巾を持参するのをすっかり忘れて、会社が引けたあと、近くの衣料店で慌てて購入したんだけど、白いかっぽう着（エプロン売ってなかった）と白い三角巾しか置いてなかったのだ。

「やだぁ、比呂香《ひろか》ったらぁ〜、その格好、四十過ぎのオバサンに見えるよ」美優がきゃはははと笑う。

「今日だけよ。次は可愛いエプロン持ってくるわよ！」

その時はそう思ったものの、二十名近くの会員さんの色とりどりのエプロンの中で、私の白いかっぽう着はかなり目立ち、逆にこれは案外イケるかも……と思い直した。その証拠に四回目の料理レッスンが終わったあと、先生に声をかけられたのだ。

「貴島さん、もしこのあと時間があったら、明日朝イチの【中級クラス】の仕込みを手伝ってもらえませんか？」

「え、え、わ、私でいいんですか？」

思わず声が上擦ってしまう。先生が心配そうな声で言う。

「元々会員さんのどなたかにお願いしようと思ってたんですが、もし貴島さんのご都合が悪いようなら他の人に頼んで……」

「いえ、大丈夫ですっ、私、遅くなっても全然平気ですから！」

「ああ、よかった」先生がホッとしたように微笑んでくれて、私まで嬉しくなっちゃう。このことは、今日風邪で欠席した美優には内緒にしておこう。

「比呂香だけお手伝いに誘われるなんて、ずる〜い！」って怒るに決まってるもの。

「じゃあそろそろ始めましょうか。この材料を四等分に分けてください」

先生は隣りの部屋（倉庫）から段ボールを持ってきた。中を覗くと玉ねぎだのピーマンだの、山盛りの野菜やキノコ類が入っている。

「はい、わかりました」

会員さんたちが引けたあとのクッキングルームは閑散としている。そこへ、先生がすっと私の横に立ったものだから、妙に緊張してしまう。

「なんか暑いですね」思わずそんな言葉が口をついて出た。

「あ、冷房入れましょうか？　それより……それ脱ぐ？」

「え？」先生が何を言ったのか訊き返そうとするより早く、先生は私の背後に回り込み、私のガウチョパンツとパンティを一気に引き下ろした。

「あ、あのっ……!?」一体何が起きたのか瞬時には理解できなかった。先生の股間の固い部分がお尻の割れ目に突き刺さってくるのも、先生の両手が太腿から這い回って私のアソコをいじり回すのも……理解できなかった。

「貴島さんの……かっぽう着をみるたんびにボクちゃんが勃ってしまって……ハァハァ……実習中はそれでもなんとか平静を装えてたのに……ハァハァ……すいません、今は理性を……失ってます……」先生が息を荒らげながら言った。

「なんだ、それならもっと早く言ってくれれば良かったのに……何もこんな場所で立ったまんまで後ろからなんて……」私の息も途切れ途切れだ。

「いえ、これが良いのです……あなたのこのかっぽう着姿を想像しながら、毎夜オナッてました……」

先生の手は徐々に胸のほうに上がり、ブラジャーの下から生身の乳房を捉えた。

「アア～ン……」第一回目のレシピ、鶏のモモ肉のソテーを思い出す。

「しっかりとタレが沁み込むように優しく、時にしっかりと揉むんですよ。いいですか、皆さん？」

今、あの時と同じように先生は優しく、時にしっかりと揉む……私の乳房を。

私はすでにしっぽりと濡れている。自然と腰から下が先生のほうに突き出していく。

ひゅるんっと、いとも簡単に先生のボクちゃんが私のマ〇コの中へ入ってきた。

ズブズブズブズブ……先生はもうまったく遠慮なく膣の中を突き進んでくる。

ああ、まるでちくわの穴にスティックきゅうりをきゅうきゅうと差し込むイメージ（いや、これはレシピにはなかったけど……）。

「ンンン～～～アアア～～～……」私ももう、遠慮することなく声を出す。

「もっと……先生、突いて……」

「こうかぃ？　ん、こう……かい？」

「う、うん、そう、ああ……イイ……」

パーンパーンと肉と肉が当たる音。同時に先生の指が私のクリトリスを摘まんでくる。まるで、餃子の皮をキュキュッと包むように……。

「オオォ……いいよ、いいよ……ああ、そろそろ……」

「わたしも……イキそう……ああっ……」

パーンパーン、パン、パンパンパン。

「はうっ……いくぅ～～～～～～っ！」

先生と私の一回目の交わりは、あっけなく終わってしまったーーー。

先生はポケットから取り出したティッシュでボクちゃんを拭き始めた。そしてさっきまでの荒々しさはどこへ行ったのかと思うようなソフトな手つきで、私の濡れたお股も拭いてくれた。

「ごめんね、疲れたよね、立ったまんまじゃ」

「ううん、大丈夫です」だって、と～ってもよかったから。

「お詫びに僕の作ったスイーツ食べてよ。疲れも取れるはずだから」

先生は冷蔵庫のタッパーから、生クリームがたっぷり載ったチーズケーキを一つ取り出して、私に渡してきた。

「美味しいです～～！」

生クリームをペロペロと舐める私を、先生は愛おしそうに見つめてくる。

「このケーキも明日のクラスで作るんですか？」

「うん、そう。じゃあ今度は……僕にも舐めさせて」

先生に言われて、半分に減ったチーズケーキを差し出すと、

「違うよ、僕が舐めたいのは……」

「キャッ！」

すばやく押し倒してきて、調理台の上に体を横たわらせるなり、先生の頭は私の股間に向かって突進してきた。そして、チョロチョロ、ぬめぬめと舌をクリトリスの周りに這い回らせてきて……。

「あんんんんん〜〜〜〜〜〜！！」

思わずのけ反って、喜悦の雄たけびをあげてしまった。

「今、拭いたばかりなのに……もうぐちょぐちょだよ？」

先生は卑猥な声音でそう言いながら、なおも続ける。

「ほ〜ら、大きくなってきた。ああ、固い固い……クリトリスはボクちゃんとおんなじなんだなぁ」

先生の指がズブズブと、また遠慮なしにマ〇コの中に入ってきた。指の腹で私の膣肉の感触を確かめるように、まさぐり撫でながら。

「常温の生卵と同じ……いや、それよりも温かいかな？」

グチョグチョグチョ…………。

「生卵と合い挽き肉を混ぜてこねくり回す音と同じだね……ハァハァ……」

「私も……同じことを考えてました……ハァハァ……ハンバーグを作るときの……」

そのとき、また快感の大波が来て、私は果ててしまった。

「あ〜あ、だめだよぉ〜、一人だけ先にイッちゃあ」

先生はハァハァしながら私のお股から顔を上げ、そそり立ったボクちゃんを再度私のマ〇コに挿入……そして激しいピストン運動。

「んん～～～……！」

「お……お、おおぅ～～～！」

バックもいいけど、やはり正常位が一番いい。先生の大きなボクちゃんが、私の胎内の一番奥に何度も何度も到達する。

「あ、ああ、イ……イキそう～～」

「う、うう、僕も、イ……イクよ～～～……お、ウォォォォ～～～！」

二人で腰を激しく振り合い、ぶつけ合って、最後はまた同時に果てた。

「じゃあ先生、この次はTシャツもブラジャーも脱いで、先生の大好きなかっぽう着だけの姿になりますね」

先生に再び優しくお股を拭かれながら、私は夢見心地でそう言った。

■十五分くらいペニスを吸い、マ○コを舐め合ったあと、とうとう私たちは合体して……

元カレのセールスマンと十年ぶりの大満足再会セックス

投稿者 野島エリカ（仮名）／34歳／専業主婦

いや～、こんなことってあるのね～。

何がって、昨日うちを訪ねてきた健康食品のセールスマンが、なんと、私が十年前に付き合ってた元カレだったの！

いつもはそんなセールスなんかに対応しないで、大抵追い返しちゃうんだけど、昨日はなんとなく玄関ドアを開けちゃって……虫の知らせってやつ？　そしたら、大輔だったんだもの、すぐにわかったわ。

向こうは一瞬、わかんなかったみたい。大輔と別れたあと三年後に結婚して、苗字も変わって、子供産んで（今、小学一年生）ちょっぴり太っちゃったもんだから、まあ、ムリもないかな？　でも、私が名刺を受け取る前にいきなり「だいすけ」って呼んだ瞬間、気がついてくれた。

「エ、エリカ……？　マジ？　すっげー偶然！　そっか、もう十年ぶりか～……立派に奥さんしてるみたいでよかったじゃん」

そう、私の大好きだった笑顔で言ってくれて……まあ、この笑顔が曲者でね。どの女にもいい顔するもんだから、浮気が後を絶たなくて、私のほうから愛想尽かして別れちゃったんだけど……正直、未練はすごいあったのよね。だって、カラダの相性がめちゃくちゃよかったんだもの。今のダンナも含めて、これまで大輔ほどキモチいいセックスしてくれる男は、一人もいなかった……。ああ、今思い出しただけで、なんだかアソコが疼いてきちゃった……。なのに、大輔ったら！

「うん、元気そうでよかった。じゃあ、もう行くわ。実は俺が扱ってる商品、お世辞にもいいものとは言えないもんで……そんなのエリカに売りつけるわけにはいかないもんな。会えて嬉しかったよ」

ちょ、ちょっと待ってよ！　もう行っちゃうの⁉　いやよ、そんなの！

高給取りのダンナとかわいい息子に恵まれて、何不自由ない生活を送る専業主婦……という表の顔の下で、とりたてて変化のない日常に飽き飽きして、暇と欲求不満を持て余してる、イケナイ女の私が叫ぶ。

で、私は、背を向けて玄関ドアを出ようとするカレにいきなり抱きついちゃってた。

「お、おい、エリカ、何やって……⁉」

「お願い！　抱いて、大輔！　昔みたいにめちゃくちゃ感じさせて！」

「ええっ!?　マジかよ……いいのか、そんなことして？」

「いい、いいの！　ねえ、早く！　あと一時間くらいで子供が学校から帰ってきちゃうの！」

「あ、ああ、わかった……じゃあ手早くシャワーを浴びて……」

「そんなのいいったら！　今すぐしましょ！　ほら、こっちこっち」

私は大輔の手を引いて夫婦の寝室へ向かい、ベッドの上に二人して倒れ込んだ。

まだ午前中だというのに、夫の匂いのするベッドの中で元カレに抱かれる私……ああっ、燃えるっ！　たまんない～～～！

私は大輔にスーツの上着とワイシャツを脱がせ、ネクタイを外させながら、はやる気持ちでカチャカチャとズボンのベルトを外しにかかった。そして、ボクサーショーツの下から現れた、大好きでなつかしいペニスと再会して……！

「ああん、これよ、これ！　これが欲しかったのおっ！」

私は思わずそう叫ぶと、無我夢中でしゃぶっちゃった。ちょっと汗臭かったけど、それがまた無性に興奮しちゃうのよね！

「あ、ああ、エリカ……相変わらず絶妙の舌遣いだなあ……ううっ、おい、俺にもおまえのマ○コちゃん、久しぶりに味わわせてくれよ〜」

「ああん、大輔……いっぱい、舐めてぇ〜〜〜っ！」

お互いの性器をむさぼり合う、飢えたケダモノのようなシックスナイン。

カレのペニスは怖いくらいにビンビンに勃起して、先走り液と私の唾液にまみれてダラダラのデロデロ。私のマ○コもいやらしく真っ赤に充血して、大量のインラン汁を溢れしたたらせてる。

「ああ、ああん、大輔っ、はぁ……はぁっ、あふぅ……」

「ううっ、エリカ……はっ、あ、あう……」

そうやって十五分くらいペニスを吸い、マ○コを舐め合ったあと、とうとう私たちは合体した。

「……エリカ、俺、ゴムなんか持ってないけど……いいのか？」

「いいの、そんなのいいの！　大輔のナマチ○ポが欲しいのっ！　奥まで……思いっきり奥まで入れて、突いてぇっ！」

「はっ、はっ、はっ……エリカッ……！」

昔、さんざん味わった、あの大好きなペニスの肉感が私の肉びらを割り、肉洞を掘り進んで子宮の奥まで突いてきた。

ああ、これよ、これ！　これが欲しかったのぉっ！

私は十年ぶりに味わうその肉交の悦楽に酔い、ほとばしる快感に気も狂わんばかりに悶絶した。

「ああっ、あっ、あん、はぁっ……いい、いいわっ、大輔〜〜〜っ！」

「はっ、はっ、はっ、エ、エリカァァッ……！」

そして襲いくる、めくるめくようなエクスタシー！

私は、大輔の放った大量の精液を膣奥で受け止めながら、全身をビクビクと痙攣させるように、絶頂の極みに達してしまっていた。

十年ぶりに、心底満足できたオーガズム。

ああ、やっぱり、大輔とのセックスは最高だわ！

私はカレの携帯番号を教えてもらった。

これから、本当に連絡をとるかどうかはわからないけど、そのうちひょっとしたら……ね？

第三章

一期一会に喘ぎ狂って

■佐藤さんは私の眼前に見たこともないような巨大で極太のバイブを突き付けてきて……

アダルトグッズの実演販売プレイで人生最高オーガズム

投稿者　黒田まりえ（仮名）／36歳／専業主婦

その日は日曜日で、夫と娘は夫の実家へ遊びに行っていて夜遅くまで帰らないということで、私的には実に久々のフリーな一日でした。

誰かショッピングや映画につきあってくれる相手がいないかと、何人かの主婦友に連絡を入れたのですが、あいにくと皆、何かと忙しくて……仕方なく、私は一人で街中へ遊びに行くことにしたんです。

前から気になっていたイタリアンのお店で美味しいパスタのランチをとり、いろんなおしゃれな路面店をウィンドウ・ショッピングして回り……ふと気づくと午後三時頃になっていました。

あ〜あ、なんだかもうやることがないなあ……私はそんな手持無沙汰な思いで、なんとなく歩道際のベンチに腰掛けていました。

その時です、いきなり声をかけられたのは。

「あの～、お一人ですか？　よろしければちょっとお話聞いてもらえませんか？」

そう言う相手は、歳の頃は四十歳前後、小太りでさえない風貌のスーツを着た男性でした。大きなアタッシェケースを抱え、いかにもセールスマンといった感じです。

私は暇を持て余していたこともあって、つい、

「はあ……少しならいいですよ」

そう答えていました。

でも、その一言が、まさかこのあとの信じられない初体験の始まりになるとは、私は夢にも思いませんでした。

彼は佐藤と名乗り、ベンチの私の隣りに座ると、こんなことを言い始めたんです。

「実は僕、つい最近、仲間数人と起業しまして……それはどういうものかというと、まあセールスマンには違いないんですけど、何を売っているかというと、バイブレーターを中心としたアダルトグッズ……いわゆる大人のオモチャと呼ばれてるものなんです」

私は思わず目が点になり、そのあと急激に警戒心が高まるのを感じると、無言でベンチを立とうとしました。が、

「あ、待って待って！　もう少し話を聞いてください！　お願いだから！」

佐藤さんが必死でそう懇願するもので、仕方なく再び腰を下ろしたんです。

そして気を取り直し、彼が改めて始めた話の内容はこうでした。

彼らのセールスのキモはずばり、『実演販売』であること。

単に口先だけのセールストークで買わせるのではなく、必ずお客様にその商品を実際に試してもらい、より正しく効果的な使い方を知り、十分に納得した上でお買い求めいただくのだといいます。そのために自分たちはそれぞれの商品について、プロフェッショナルとして精通しているのだと。逆にいえば、それを体験してもらわずして買いたいといわれても、絶対に売らないのだと。

う～む、なるほど……確かにそこまで言われると、一度その正しくて効果的な使い方っていうやつを、ちょっと教えて欲しくなっちゃう気がしないでもありません。そんな私の心の揺らぎを察したかのように、佐藤さんはグイグイと押してきました。

「どうですか、これからホテルへ行ってお試ししてみませんか？　ホテル代はもちろん必要経費としてこちらでもちますし、当然ですが、納得できなかった場合、商品を無理やり売りつけるようなことは絶対にしませんから」

「う～ん、どうしようかなあ……」

「ね、絶対に後悔はさせませんから！　ね、ね？」

「わ、わかりました。じゃあ、お試し……お願いします」

結局、私はエッチな好奇心に勝てず、佐藤さんのセールス・パフォーマンスを受けてみる決心をしたのでした。

二人で裏道のほうに行き、そこにひっそりとたたずむラブホテルに入りました。

部屋にチェックインし、私は佐藤さんに促されるままにシャワーを浴びて身ぎれいにしました。そのあとから、一応佐藤さんも軽く体を流したようでした。

「では、リラックスしてベッドの上に寝てください」

私はパンティ一枚という格好で言われたとおりにして、佐藤さんも同じくブリーフ一枚だけの姿でアタッシェケースの中を探り、いくつかのアダルトグッズを取り出してきました。

「はい、では始めますね。まずはこの一番小ぶりなピンクローターで……」

彼は、その名前どおりにピンク色で可愛い器具を二個、私に見えるようにかざすと、それを使って私の左右の乳房を責めてきました。ブブブブブ……という低い振動音をたてながら、小刻みな震えが私の白く丸い双丘の上を這い回り、その頂点にある、少しくすんだピンク色の乳頭をつついてきました。最初はくすぐったかった感触が徐々に甘美なそれに変わっていき、私は思わず、

「んんっ……んふ、ふぅ……うう……」

くぐもった呻きをあげてしまいました。決して強すぎず、弱すぎず、絶妙のタッチでうごめくその振動は、初めて感じる心地よさでした。

「ね、いいでしょ？　乳首にはこのぐらいの大きさ、そしてこのぐらいの繊細な振動がぴったりなんです。力任せだけは禁物ですよ。ほら……ね？」

佐藤さんの言葉が淫靡な呪文のように私の耳朶をなぶり、私は心身共にますますくらくらしてしまいます。

「うん、いい感じで性感がほぐれてきたみたいですね。じゃあ、次はこの中ぐらいの大きさのバイブレーターを使いますね」

佐藤さんはそう言い、次にパンティの上から私の秘部を責めてきました。

さっきのピンクローターとは比べものにならない存在感と力感を持った振動が、私のオマ〇コのタテ溝に沿って上下にうごめき、ぷっくりと膨らんだクリ豆をツンツン刺激してきます。これまたたまらない気持ちよさです。

「ああっ、あ、はぁっ……あっ……」

私の悦びの呻き声は、いよいよあけすけな喘ぎ声へと昂ぶりを増し、抑えようもなく喉奥からほとばしってしまうのです。

「ほうら、もうこんなに濡れてきた！　オマ○コ、お汁でぐっしょりで、もうパンティが濡れ濡れのスケスケですよ！　いやらしいなあ……」

そんな佐藤さんの言葉責めじみた発言がさらに興奮を高め、私はもっともっと強い刺激が欲しくなってしまいます。

「ああ、あん……いい、いいの……はあっ！」

「ふふふ、そのあられもない声の張り……いよいよ本命の出番みたいですね。じゃあ、お待ちかねの最終兵器登場といきますか」

佐藤さんは声音に淫らな含み笑いを潜ませつつ、私の眼前に見たこともないような巨大で極太のバイブを突き付けてきました。それはもうスイッチが入れられていて、先端の亀頭部分がグイングインとうねりながら、全体も激しく振動しています。もうその姿を見ているだけで、感じてしまうくらいのド迫力でした。

佐藤さんは私の恥ずかしいくらいに濡れそぼったパンティを脱がすと、両脚を大きく左右に開かせ、いよいよ股間を全開にさせてきました。

「ほおら、こんなに肉ひだをヒクヒクさせて欲しがってる。じゃあ、ご要望に応えてコレ、突っ込ませてもらいますね！」

「ひあ……ああんっ！」

その一撃は、まさに想像を絶する衝撃でした。私のアソコの中は縦横無尽に掻き回され、えぐりたてられ……はっきり言って夫のみならず、これまでつきあったどの男とのエッチも敵わないほどの快感で全身がいっぱいになり、私は背骨も折れんばかりに身をのけ反らせて、悶え喘いでしまったのです。

「ひぃっ、あひ……はふ、ぐうっ……いいっ、いいの！　ああん、もっと、もっと奥までえぐってぇっ！　オマ○コ、めちゃめちゃにしてえ〜〜〜〜っ！」

「はいっ、うけたまわりましたあっ！　はい、はいっ、はい〜〜〜〜〜っ！」

次の瞬間、私の胎内で激しい光のようなものが炸裂し、まさに人生で最高のオーガズムを味わうこととなったのです。

結局、私はそのとき試された三種のアダルトグッズを購入しました。しめて二万五千円。えっ、高いって？

とんでもない。

あれほどの快感を味わわせてもらえたのです。

私は逆におつりがくるくらいだと思っているんです。

■彼の恐ろしいまでのスタミナと持久力で、私は四十分ほどの間に何回も絶頂へ……

夫との別居中に年下アスリート男子楽しんだ超タフH

投稿者　柊あずさ（仮名）／27歳／OL

まだ結婚三年目だというのに、現在夫とは別居中の私。

原因は、まあありがちだけど、夫の浮気。

彼ったら、今年入社してきた新卒の若い女の部下とデキちゃって……完全にのぼせ上がっちゃった向こうのほうから私に電話してきて、

「ご主人のことを愛してるんです！　奥さん、彼と別れてください！」

って。それでバレちゃったというわけ。

正直、夫はかなりイケてる男なので、昔からなかなかお盛んなのは私も暗黙の了解的に承知はしてたんだけど、まあそれも、そんなイケメン高給取りの彼の妻の座にいられることの代償と割り切って、見て見ぬふりをしてきたんです。

でも、ここまであからさまな事態になった日には、さすがの私も黙っているというわけにはいかなくて……もちろん夫と本気で別れるつもりなんてないものの、一応け

じめをつけさせる意味で、しばらくの間、別居しましょう、と。

ただしその間、私だって黙っている気なんてさらさらありません。こっちだって好きにさせてもらわないと、不公平ってものでしょ？

なので、目には目をで、若い男の子をつまみ食いさせてもらおうかな、と。

つい二週間ほど前に、私が所属する部署に新しい契約社員が入ってきて、彼、下の名前を賢人くんっていうんだけど、私より四つ年下の二十三歳で、なんと高校時代、駅伝の全国大会で三位になったことがあるという、バリバリのアスリート男子。爽やかな和風フェイスもなかなかいいのだけど、やはりなんといっても特筆すべきは、長距離選手らしいしなやか、かつ引き締まった筋肉質のボディ！

お尻の肉なんかキュッと上向きのプリップリ状態で、ズボンを穿いた上からでもそのセクシーな躍動加減にもう生唾が止まらないというかんじ。

ある日の終業後、とうとう私のほうから誘っちゃった。

焼き肉が好きだっていうからたっぷりご馳走してあげて、ビールでほどよくアルコールも注入して……さあ、いいかんじで仕上がってきたところで、一戦交えますか、と近場のホテルにチェックイン。

「あずささん、いいんですか？　人妻なのに？」

という賢人くんを、私は鼻で笑い飛ばして、

「いいのよ！　これは私の正当な権利なんだから、全然大丈夫。さあ、今日はとことん私のこと、悦ばせてちょうだい」

と、問答無用でベッドに引きずり込んじゃいました。

「さあ、脱いで脱いで！」

私はそう言って、まず先に彼が服を脱いで裸になる様をじっくりと鑑賞。

適度に厚みのある胸筋、力強く前後に振られる様子が想像できる無駄のない二の腕、完璧なシックスパックに割れた腹筋、細いのに爆ぜるようなパワーを感じさせる太腿とふくらはぎ、そしてあの肉感的なお尻……ああ、これぞ見事なまでの細マッチョ！

私はうっとりとしつつ、自分も服を脱いで彼ににじり寄り、さて、一番肝心な部分はどう？　というかんじで、彼が一枚だけ身に着けたピッチリした黒のボクサーパンツ越しに、股間を撫でさすりました。

おっ、けっこう大きいんじゃない？

刺激に応えて、それは私の手のひらの中で見る見る大きさと硬さを増していき、燃えるような熱がジンジンと伝わってきました。

「うう……あ、あずささん……」

そう呻くように言いながら、彼のほうも手を伸ばして私の裸の胸に触れてきて……乳房全体を大きく揉み回しながら、乳首を摘まみこねてくれて、夫との別居後二ヶ月目でそれなりに飢えている肉体を、絶妙に弄んでくれました。

「あ、あああん……いいわ、感じる……これ、出しちゃうね?」

私はそう言い、彼の返事を確認することもなく、ボクサーパンツをズルリと引き下ろして、ペニスを露出させました。

途端にそれはビョーン！　というかんじで激しく大きく振り上がり、お腹につかんばかりの勢いでフル勃起！　私はもうガマンできなくなり、屈み込んでむしゃぶりつくと、ジュッポ、ジュッポと激しくバキュームフェラして、久しぶりの勃起ペニスの肉感を喉奥まで味わい尽くしました。

「ああっ、すげ……いい、感じる、あずささん……」

賢人くんもそうせつなげに喘ぎながら、屈んでフェラする私のお尻のほうに手を伸ばして、アソコをいじくってきて、

「あうっ……ふぐっ、んふぅ……！」

彼の指が忙し気にうごめいて、ジュブブ、グチュ、ジュルブ……と、あられもなく汁気過多な音をたてながら、私の股間が啼き喚きました。

「はあっ……あずささん、俺、もう限界っす！　オマ〇コにチ〇ポ、ぶちこんでいいっすか？」

賢人くんがそう聞いてきて、私はもちろん、

「ええ、いいわ！　思いっきりぶちこんで、私のアソコ、めちゃくちゃにしてえっ！」

と、叫ぶように答えて。

彼は私の体を摑んで軽々と逆向きにひっくり返すと、四つん這いになった背後から激しく突き入れてきました。

「あっ！　あ、ああ……あああぁ〜〜〜〜っ！」

実際に肉穴の中に入ってきたそれは、一段と硬く力強くて、私はダラダラととめどなく歓喜のよだれを垂れ流しながら、お尻を振り乱してヨガリ狂ってしまって。

「ああっ……あずささんの中、すっげえ熱い……俺のをグイグイ食い締めてくるっ！」

彼はそう喘ぎ悶えながら、でも、一向にその挿入の勢いとスピードが衰える気配はありません。ズンズン、ズプズプと私を刺し貫いてきて！

さすが、元全国レベルの長距離ランナー！

その恐ろしいまでのスタミナと持久力で、私はそれから四十分ほどの間に、三回、四回と絶頂まで突き上げられてしまったんです。

「はぁ、はふ……すごい、すごすぎる……賢人くん、あ、あたし、もう死んじゃうよ〜〜〜っ……」

とうとう私が音を上げる形でそう言うと、

「はい、俺のほうもいよいよくるかんじです……うっ、くぅ、んんっ……さ、さあ、奥の奥までぶっ放しますよ〜〜……んっ、ううっ！」

そう言い放ち、次の瞬間、すごい勢いで熱く大量の精液が私の胎内に注ぎ込まれ、お互いの連結部分からボタボタと淫らに溢れ、したたり落ちていったんです。

もう最高にタフで気持ちいいセックスだったわあ。

私、あと二〜三ヶ月は夫との別居生活を続けるつもりだけど、その間、めいっぱい賢人くんとの関係を楽しむつもり。

やっぱり、アスリートってすごいのね〜。

■彼の怒張が、パンストに覆われた私の股間目がけてグイグイと押し込まれて……

通勤電車での痴漢プレイは思い出の惜別エクスタシー？

投稿者　仲間恵美子（仮名）／31歳／パート主婦

私は毎朝、六駅離れた場所にあるショッピングセンターへパートに行くために、電車通勤をしています。

乗る時間はもちろんいつも決まっていますが、降車駅の出口アクセスがちょうどいいところがわかってくると、いつしか乗る車両も、乗る位置も、さらには周りの乗客の顔ぶれまでおおむね決まってくるようになりました。目が合うと軽く会釈し合うような人もいれば、あえて見て見ぬふりをする人もいて。それでも、馴染みの顔ばかりが周りにいるというのはいいもので、なんとなく安心するというか、落ち着くかんじがします。

そんなうちに春になりました。学生も社会人もフレッシュマンが増え、逆に顔を見なくなる人もいて、ああ、そういう季節なんだなーと実感します。

私がいつも乗る場所に、見覚えのない男性が新たに現れました。

おそらく年齢は私より少し上の三十代半ばくらい。きちんとスーツを着こなしたエリートサラリーマンというかんじで、一八〇センチ近い長身でがっしりした体つきをした、なかなかのイケメンでした。

そんな彼と日々、身を接する形で五駅分（彼は私の一つ前の駅で降りてしまうので）の時間、ほぼ二十分近くを共にするようになり、彼は男性用トワレのいい匂いもしたし、まったく嫌悪感なく通勤時間を過ごしていました。

でもある日、それは起こりました。

いつしか私たちは目だけで軽く挨拶するようになっていたのですが、その日はなんだか、彼の視線にえも言われず粘りつくようなものを感じました。

（ん？）と若干の違和感を覚えながらも、さして気にすることもなく、いつもどおりの位置・体勢で、まあまあのラッシュ状態の中、電車は動き始めました。

私はドア脇の手すりのところに立ち、彼はその私を前から覆うようなかんじで立っていて、周りの乗客たちからは、ほぼ私の姿は見えない状況でした。

私はいつもどおりスマホとイヤホンで、お気に入りのアイドルの動画を視聴していたのですが、ふと、その捧げ持ったスマホのすぐ下、胸の部分にもぞもぞと妙な感触を覚えました。最初は電車の揺れの関係で、思いがけず彼の体の一部が当たっているのかと思いましたが、いや、明らかに彼の指先が不自然にうごめき、私の胸のラインに沿って撫でさすっています。

私は思わずスマホから目を上げ、彼の顔を視線でとらえました。もちろん、ショックと非難の気持ちを込めて。

でも、そんな私に彼が返してきたのは、やさしさ溢れる魅力的な笑みでした。

(心配しなくていいんだよ。全部ボクに任せてくれていいから)

その笑顔はまるでそんなふうに言っているかのようで、私は予想外の反応にうろたえ、動転して頭が真っ白になるばかりでした。

毎日の顔なじみとして、もうすっかり信頼し、気を許していたのに……！

(大丈夫、大丈夫。ただきみを気持ちよくしたいだけだから。リラックスして)

まるでそんなふうな柔らかい表情で、彼の攻勢は始まりました。

薄手のジャケットを羽織った下の私のブラウスのボタンをプチプチと外していき、中から薄ピンク色のブラが顔を出すと、それを器用に上側にずり上げて、左右とも乳首を露出させました。そして両手を使い、それを指先で摘まみ、クリクリとこねくり回してきたんです。

ついさっきまで衝撃と緊張で凝り固まっていたせいか、そのダイレクトなタッチは火花が弾け飛んだかと思うほどに刺激的でした。突起の先端がジンジンと痺れるようになって、甘美な感触が流れ込んできます。思わず声をあげそうになりましたが、唇を噛みしめて必死でこらえました。

ふと見ると、彼はますます嬉しそうな顔をして、乳首を弄ぶ指先に力と動きを加えてきました。

私の、ピンク色とは言いがたいけどそれなりにきれいな色をした乳首は、彼の指先できゅーっと引き伸ばされ、だんだん汗ばんできた肌の湿り気をはらんで、にちゅにちゅと淫靡な音をたてながらよじり回されて……。

もうスマホの画面を見る余裕はありませんが、イヤホンから鼓膜に響くアイドルの底抜けに明るい歌唱に包まれながら、私は不条理感溢れるカイカンの波に呑み込まれていました。

と、思わず腰砕けになって膝を折りそうになったところを、彼のがっしりとした太腿で支えられ、踏みとどまりました。ほっと安心したのも束の間、それは次の淫らな段階への手順にすぎませんでした。

過剰な悦楽に喘ぐ私の体を支えてくれた彼の太腿。その中心には、もちろん彼の男性自身がありました。スーツのズボンに覆われていながらも、その硬く大きな怒張の存在感は驚くべきもので、絶大な強力さで私の下半身を押しやってくるんです。

その日、私は黒のパンストの上に膝丈の短めのスカートを穿いていたのですが、彼の器用な身体操作によってスカートはめくり上げられ、ズボン越しの彼の怒張が、パンストに覆われた私の股間目がけてグイグイと押し込まれてきました。幾重もの布地にさえぎられているというのに、その男根が放つ熱いエナジーと硬い迫力は、信じられないほどパワフルに私の女芯を震わせてくるんです。

気の遠くなるような快感がほとばしり、自分でもじっとりと濡れてくるのがわかりました。ああ、だめ、このままじゃイッちゃう……！

彼のほうも鼻息を荒くし、電車の揺れにうまく紛れ込ませるようにして、周囲に気づかれることなく、腰を小刻みに動かして下半身を繰り返し突いてきます。上半身も乳首をより激しく責め苛んできて、上と下のエクスタシーの波動が混じり合い、高め合って、とうとう一気にオーガズムの大波が押し寄せてきました。

（さあ、いいんだよ、遠慮しないでイッて……ほら、ほら！）

まるでそんなふうに言っているかのように、彼の表情が気持ちサディスティックな色合いを帯び、眼前に迫ってきました。

あ、ああ、あ……イッ、イクッ……ああああっ！

とうとう、私は心の中でそう絶叫し、満員電車の中でイキ果ててしまったのでした。

彼は、そんな私をしばらく支え落ち着かせてくれたあと、自分の降車駅で降りていきました。

これから、彼とのこんな通勤タイムを共有することも増えるのかしら。

そんな、期待と恐れのようなものに満ちた、複雑な気持ちを抱いた私でしたが、なんと翌日から彼の姿は通勤電車の中から消えてしまいました。

彼にどんな事情があったのかは知る由もありませんが、ひょったしたらあれは、最後の思い出に私と交わり合いたいという、彼からの別れの挨拶だったかもしれないと思うのです。

もう会うことはないのかなと思うと、ちょっと甘酸っぱい気持ちに襲われてしまう私なのでした。

■アタシは前後から串刺しにされるような恰好で責めたてられ、ヨガり、感じまくって……

ゆきずりのナンパ3P快感で大満足の休日をすごして

投稿者　大石静香（仮名）／26歳／ショップ店員

彼氏いない歴半年。

エッチ大好き女子のアタシとしては、ここ三年ぐらいの間でそんなに相手がいなかったことないから、そりゃもうつらくって。何をしててもすぐにアソコがムズムズしてきちゃって、そのたんびに人目につかないように机の角でグリグリ刺激を与えたり、トイレに駆け込んでオナニーしたりして、なんとか欲求をごまかし、無理やり抑え込んでる始末。あ〜あ、これじゃあほんとに盛りのついたメス犬じゃん……早く新しい彼氏つくって、ちゃんとしたエッチしなきゃな〜……。

そう思ってた、ある日のことでした。それがあったのは。

その日は私、仕事が休みで、地元から三駅離れた県内でも有数に大きい街へ一人で遊びに行きました。ほんと、こーゆーとき、書き入れ時の土日祝なんて絶対に休めない、ショップ店員の仕事ってつらいって思う。平日しか休めなくて、当然、普通のお勤めしてる友達なんて誰もつきあってもらえないわけで……ま、こんな一人遊びにももういい加減馴れたけどね。

カジュアルなイタリアンのお店でパスタのランチを食べたアタシは、目抜き通りをぶらぶら歩きながらウィンドーショッピングしてたんだけど、そのとき、いきなり背後から声をかけられたんです。

「こんにちは！　かわいいおねえさん、今日は一人ですか？」

お、久しぶりのナンパ！　でも、平日のこんなところで声かけてくる奴なんて、どうせたいしたことないんだろーなー……。

アタシはあまり期待せずに声のしたほうを振り向いたんだけど、そこで思わず軽くサプライズ！

ナンパしてきた相手は二人組男子で、見たところだいたいアタシと同じくらいの年頃だったんだけど、これが両方ともなかなかイケてたんです。

一人は今人気の俳優、横○流星を思わせる雰囲気のちょいチャラ系イケメン。そしてもう一人は、打って変わってマッチョな和風男子で、やっぱり俳優の鈴○亮平に似た感じのナイスガイ系。

アタシ、男子の守備範囲は広いほうなんで、この組み合わせにも、まったくノープロブレム！　思わず浮足立った感じで反応しちゃったんだけど、それがあっという間に向こうにも伝わっちゃったみたい。

流星くん（仮名・以下同）が、すてきにいやらしげな笑みを浮かべながら、

「おねえさんみたいな魅力的な人が一人だなんて、もったいなさすぎるな～。よかったらこれから、オレたちにつきあってもらえない？」

って言って、軽くアタシの腰に手を回してきた。

すると、亮平くん（仮名・以下同）のほうも、

「絶対に後悔させないよ。どう？」

と、軽くアタシの腕をとってきて。

いとも簡単にボディタッチしてくるとは、こいつら、かなりのナンパ上級者ね！

一瞬、あんまりホイホイついてくのもどうかなー、って思ったけど、そんな杓子定規なアタマの考えることなんて、ほら、ご存知のとおり欲求不満溜めまくってるカラダのほうがあっさりと一蹴！　アタシはすぐにこう答えてました。

「ほんと？　アタシ、けっこうそっちのほうはうるさいんだけど、大丈夫？」

すると、流星くんと亮平くんは顔を見合わせてニヤッと笑うと、

「もちろん！　オレたちだってかなりの上級者だぜ？」

と言って、なんだかあっさり交渉成立。アタシたちは、カフェに行くとか、お酒を少し入れるとか、そんなまどろっこしい手順を踏むことなく、正々堂々（？）とすぐに近場にあったラブホに向かったんです。

選んだのは、キングサイズのベッドがある特別仕様の部屋。だって、余裕を持って三人でくんずほぐれつしたいじゃないですか。

私たちは入室すると、三人そそくさと裸になって、これも大きめに造られているバスルームへ。

いやあ、この二人、脱いでもイケてました。

亮平くんのほうは、ある意味、最初から見たまんまのたくましいマッチョボディで期待どおりっていう感じだったんだけど、流星くんのほうがかなり嬉しい誤算……ごつくはないけど、適度に鍛えられ引き締まった細マッチョボディがとってもすてきで、いや、これじゃあまんま空手で世界一になったことがあるっていう本家の流星くんそのものじゃん！　ってね。

アタシたちはボディシャンプーをたっぷりと手にとり、泡立て、お互いの体に塗りたくり始めました。

流星くんと亮平くんの手が、アタシの左右の胸をヌルヌルと撫で回してきました。

大きさも形もそれなりに自信のある乳房が、二人の手によってムニュムニュ、ニチュニチュと揉みしだかれ、乳首がプル、プルルンとつま弾かれ、ニュムニュム～とこねくり回されて……その絶妙の力具合とコンビネーションに、アタシはメロメロに感じまくってしまいました。

この二人、さすがに口だけのことはあるわ！

アタシは満足げな気持ちを表すかのように、思いっきり声をあげました。

「ああん、はっ、いいわ……二人とも、とってもいい感じぃ～～～っ」

「ふふふ……でしょ？」

「ほら、こっちのほうも……どう？」

すると今度は二人の手が、アタシの股間の溝に沿って滑り、ヌルリと割って入ってくると、ひくつく肉唇を揉みたて、えぐり回してきました。

「ひああっ……あっ、ああん、あ、いい、いいわ～～～……！」

アタシは彼らのツープラトンの指戯の快感にのたうちながら、思わず手を彼らの股間に伸ばして、それぞれの肉棒を摑み、しごいていました。すると、これも意外というか……まんまマッチョの亮平くんのほうももちろんそれなりに大きいのだけど、細身の流星くんのほうが圧倒的にすごかったんです！　長さも太さも、亮平くんの一・

二倍以上はある感じ。ああん、たまんな〜〜い！

って、ギンギンになった泡まみれの肉棒二本を無我夢中でしごいていると、

「あ、あっ……ちょ、ちょっとタンマ！　や、やばっ……」

亮平くんが突然そう呻いたかと思うと、ピュッ、ピュピュッ！　って、けっこうな勢いで射精しちゃって。

「おーっと、おまえ、何やらかしてんだよ！　まったくこの早漏がぁ！」

流星くんにそう怒られて、亮平くんはちょっとショボン……かわいい！

このタイミングで、アタシたちはバスルームからベッドへと場所を移動しました。

例のキングサイズのベッドの上、思いっきりからみ合い、もつれ合って……二人に同時にワレメとアナルをさんざん舐めてもらい、軽く三〜四回イッたあと、ますます全身の性感を昂ぶらせたアタシは、あらためて二人の肉棒を交互にフェラチオしてあげて、これ以上ないほどビンビンに勃起させました。

そしていよいよ、クライマックス。

アタシはメス犬のように四つん這いにさせられ、その尻肉をがっしりと摑んだ流星くんが後ろから勃起肉棒を突き入れてきて……ガツン、ガツンと貫いてくる淫らな衝撃に、アタシがアンアン言って頭をのけ反らせていると、その開いた口に亮平くんが

自分の肉棒を突っ込んできました。

アタシは前後から串刺しにされるような恰好で責めたてられ、もうわけわかんなくなるほど、ヨガリ、感じまくってしまいました。

「はぐっ、んぶっ……んはっ、ん、んんんん～～～～っ！」

「はぁ、はぁ、はぁ……うう。それじゃあオレも、そろそろいくぜ！」

流星くんがそう言い、一段と激しく腰をぶち当ててきました。

アタシに咥えられた亮平くんも、二度目の昂ぶりを迎えたようで……。

次の瞬間、アタシはアソコと口の中に盛大に熱く大量のほとばしりを注ぎ込まれ、久々に失神しちゃうかと思うほどのカイカンの絶頂を味わっていたんです。

ホテルを出たときは午後六時近い時間でした。

彼らとは連絡先を交換するようなこともせず、あと腐れなく別れました。

ほんと、サイコーのゆきずりカイカンだったなあ。

とりあえず、早く新しい彼氏、つくろうっと！

■私は八十八センチある乳房を左右から支え持ち、それで彼のペニスを挟み込んで……

過去を隠して生きる私を追いかけてきた激震脅迫快感！

投稿者 脇田可奈子（仮名）／34歳／塾講師

二年前に離婚して、今は進学塾で講師をしています。

それまでは高校教師の夫と暮らし、自分も中学校で教師をしていたのですが、なんと夫が教え子と関係を持ったことが明るみに出てしまい、学校を懲戒免職になって……当然、離婚ということになりました。そうなると私もそのまま教師を続けるわけにもいかなくなり退職、他県に引っ越し、知り合いのつてを頼って塾講師の職に就いたというわけです。私の夫がしでかしたことを誰も知らない環境で、でもいつそのことがばれてしまうかもという不安にビクビクしながら、日々を送っていたのです。

でも、新しい職場にも馴れ、何事もなく一年が経ち、ようやくそんな針のむしろのような精神状態からも脱し、落ち着いた生活が送れるようになりました。

あいつがやってくるまでは。

新任講師の黒川達之（仮名）、三十六歳。担当は数学。

辞職した講師の後任として採用された黒川は、まだ若いのに頭が禿げあがり、すでに中年太り気味体形で、お世辞にも男性的魅力があるとは言いがたい見た目でした。でもまあ、私も夫の件があってから男はもう当分いいやという心境だったこともあり、ただの職場の同僚として、さして気にもしませんでした。

ところが、居酒屋での彼の歓迎会の席上、皆いい感じに盛りあがり、わいわいがやがやとざわめく中、私の隣りにやってきた彼が声を低めて言ったのです。

「脇田先生……いや、旧姓・島野先生でしたよね、○△中学の？　ご主人の件は大変でしたねえ。教え子の高校生とあんなこと……いや、とんだハレンチ教師だ」

私は一瞬にして全身の血の気が引く思いでした。

こ、こいつ、知ってる？　あのことを……。

「僕ね、当時あの辺りに住んで、今と同じような進学塾に勤めてたんですよ。いやほんと、あの件は教育関連界隈で密かに大騒ぎでしたもんねえ？　今でももし、脇田先生が関わってたことが周囲にばれたら、そりゃもうただじゃすまないだろうなあ」

「あ、あなた、私のこと、脅そうとしてるの？」

震え声になるのを必死で抑えながら、そう言うと、

「とんでもない。僕はただ、脇田先生のことよく知ってて、仲良くなりたいって思っ

てることをわかってもらいたいだけですよ。これからどうぞよろしくお願いしますね」

黒川は悪びれもせずそう答え、テーブルの下で私の手をぎゅっと握ってきました。

その目の中に光る欲望にぎらついたきらめきを見て、私は彼が本当に望んでいることをいやでも痛感せざるを得ませんでした。そして私もまた、今のようやく安定した生活を守るべく、それに応えざるを得ないことを。

翌日、午前の講義が終わったお昼休み、いきなり私は黒川に男子トイレまで呼びつけられ、個室の一つに連れ込まれました。そして、

「わかってますよね、脇田先生？　あのことを皆に知られたくなかったら、僕のいうとおりにしなきゃいけないってこと」

と言い、私の唇をむさぼってきました。どうやら昼食にニンニクたっぷりのものを食べたらしく、その強烈な臭いにむせ返りそうになってしまいます。

さらに黒川は、同時に私のスカートの中に手を突っ込んで、ストッキングとパンティ越しに股間をぐいぐいと揉みたて、押し込んできました。

「んんっ……ぐ、んふっ……くうっ……」

その乱暴な責め立てに、思わず声をあげそうになってしまいますが、個室のドア一枚隔てた外では、当然、男子生徒たちが頻繁に出入りしているため、ばれないように

必死で喘ぎを呑み込むしかありません。

そのあと、黒川は私を便座のふたの上に座らせ、前に立ちはだかるとズボンを下ろしてフェラチオを強要してきました。凶暴なまでに昂ぶったその肉杭を口中に打ち込まれ喉奥を犯され、私はその苦悶でえづきながらも、必死で応えるしかありません。

「ほらほら、右手が遊んでるよ、しゃぶりながら自分でオマ○コいじって……そうそう……エロいなあ、さすがはハレンチ教師の元妻……ああ、いいよ……」

彼の言葉なぶりに、もちろん頭の中では怒りがうず巻くものの、驚いたことに本能は……女の性感神経はそのはずかしめを悦ばしい刺激と受け止めてしまったようで、自分でいじらされているアソコは際限なく肉汁を溢れ出させ、ぐちゅぐちゅと淫猥な音を発し漏らしてしまうのです。

「ああ、そうだ、いいぞ……うう……さあ、口の中にたっぷり注ぎ込んでやるからな……んっ、んん、ううっ！」

黒川の放出した大量の精液が喉奥に注ぎ込まれ、私は必死にそれを飲み下して……そして、同時に自分もイッてしまっていたのです。

凌辱されることによる、これまで感じたことのない強烈なエクスタシー……それは、それまで〝マジメ、カタブツ〟と言われてきた自分からしてみたら、とても信じられない驚きの体験でした。

この日を境に、私は顔ではうんざりとした嫌悪感を表しつつ、でもそれとは裏腹に、黒川からの淫猥な誘い出しに、密かに肉芯を震えときめかせるようになってしまったのです。

その週末、今度は彼の一人暮らしのアパートに呼び出されました。

部屋に一歩入り、びびりました。ある程度予想はしていたものの、それをはるかに上回る汚部屋ぶりだったからです。1DKの六畳一間は、食べ散らかしたカップラーメンの空き容器や清涼飲料水のペットボトル、マンガ雑誌やあきらかにいかがわしげなグラビア誌、脱ぎ散らかされたままの衣服や下着……その他、信じられない量のゴミやモノで埋め尽くされ、足の踏み場もないほど。

そんな中、それらをザクザクと掘り返した奥底のほうから、ジメッとしたせんべい布団が現れ、私はそこに押し倒されました。そして、引きむしられるように服を脱がされ、全裸にされて。

「ああ、脇田先生、いいカラダしてるじゃありませんか……たまんないなあ」

黒川は鼻息を荒くしながらそう言うと、自分も裸になって、早速勃起してしまっているペニスを私の胸に押し付け、パイズリを要求してきました。もちろん、そんなことこれまでやったことはありませんでしたが、見よう見まねでやるしかありません。私は八十八センチある乳房を左右から支え持ち、それで彼のペニスを挟み込むと、ぎゅうぎゅうと搾り上げていきました。あっという間にペニスの先端から滲み出した透明な先走り液で、私の乳間は濡れ、ぬちゃぬちゃ、ぐちゅぐちゅと淫らな音を発し始めました。同時に、乳房から伝わってくる恥ずかしいほどの性感の昂ぶりに、私のほうもゾクゾクと身を震わせ、女芯を濡らしてしまっていました。

そのままパイズリをしながらのフェラチオを要求され、私はまた無我夢中でそれに応え……先走り液と私の唾液にまみれてぬらぬらと光ったペニスは、最初のトイレでのときよりも、さらに力強く肥大しているようでした。

「さあ、脇田先生、四つん這いになってお尻こっちに向けて」

私は言われるままになってお尻を高く突き出しました。さすがにこの部屋の状況では、仰向けに寝そべるスペース的余裕はないのです。

ずぶ、ずぶぶ、ずちゅう……！

黒川のペニスが背後から私の肉芯を割って、淫らに奥深く侵入してきました。そして、リズミカルなピストン運動とともに奥へ奥へと淫撃を叩きつけてきて！

「ああ、あああっ……あん、はあっ、はうっ！」

「ああ、いいよお、脇田先生！　先生のマ〇コ、僕のチ〇ポをぐいぐい締めつけてくるぅ……な、なんてドスケベなメス犬なんだあ！」

そんな黒川の罵声が、ますます私の興奮に火をつけてしまいます。

「ああっ、はああ……あ、ああ、イク……イッちゃう！」

私はあっという間に達してしまい、そのあとも、三度、四度と襲い来るオーガズムにわななき、果てしない快楽の水底に没入してしまいました。

その間に自分も二度射精した黒川は、

「脇田先生、脅すようなことしてごめんね。どうしても先生と付き合いたかったものだから……。あと、この先、ちゃんと付き合ってくれるんなら、もうあんなひどいこと言わないようにするから」

と言いましたが、私はこう答えていました。

「だめ。もっともっとひどいこと言って。じゃなきゃ、付き合ってあげない」

そう、あいつがやってきてから私の落ち着いた生活は一変し、そんな淫乱マゾ女になってしまったのです。

■肉ひだを掻き乱す高志さんの指は、意図してやるとすれば細かく速すぎる動きで震え……

老練な快感バイブレーションに激しく昇天してしまって

投稿者　吉沢秋穂（仮名）／32歳／専業主婦

いや～、まいった。

もうオチン〇ンも役立たずになった、八十三歳のおじいちゃんに、あんなにイかされちゃうとは、思いもしなかったわ。

ことの次第はこんなかんじ。

あたし、近所に仲良くしてる主婦トモの景子さんがいるんだけど、彼女から頼まれたのよね。昼間の三時間だけ、お舅さんの世話をしてやってくれないかって。まあ、お世話っていっても、ボケてるわけでも、寝たきりってわけでもないから、ほんと、お昼ごはんを食べさせて、あとちょっとした身の回りのことをしてくれるだけでいいから……おねがい！　って。

その理由は知ってた。

景子さん、出会い系のサイトで知り合った若いセフレがいるのよね。なんと彼女より六つも年下の二十七歳だって。で、その彼と近所のホテルで昼下がりの情事を楽しむ間の三時間だけ、私にヘルプを求めてきたっていうわけ。

正直、自分だけそんなオイシイ思いして、その間、あたしはジジイの世話かよって、ちょっと癪に障ったけど、まあ彼女には日頃何かと世話になってるしってことで……持ちつ持たれつよね。

で、香水の匂いぷんぷんさせながら出かけてった景子さんと入れ替わる格好で、あたしは彼女の家へ。すると彼女のお舅の高志さんが、リビングのソファに座ってて、入っていったあたしのことをにこやかに出迎えてくれた。これまで二、三度会ったことがあるけど、やさしい感じのとてもいいおじいちゃんだった。

「ああ、吉沢さん……でしたっけ？　今日はすみませんね、ご面倒をおかけして」

「いえいえ、お安い御用ですよ。景子さんにはいつも何かと助けてもらってますから」

そんなふうに言葉を交わしたあと、あたしは前もって景子さんから指示されたとおりの手順を踏み、座った高志さんの横について、スプーンでおかゆを口に運んであげた。最近は手が震えるようになって難儀しているということだった。

三十分ほどで食事が終わり一息つくと、高志さんがいきなり妙なことを言いだした。

「ふう……あの嫁にも困ったもんだよ。昼日中からあんな……」

「……えっ？」

思わず聞き返してしまったあたしだったが、まさか……？

「嫁の不倫のフォローしてやるなんて、あなたもほんとは面白くないでしょう？」

やっぱり……なんと、高志さんは景子さんのウラ事情をしっかりと把握していたのだ。でも、それ以外はよくしてくれるイイ嫁だから、あえて何も言わないでいてあげるのだという。あたしはもう、なんて言っていいのかわからず、ただ困惑の笑みを浮かべるだけだったが、高志さんは次にこんなことを言いだした。

「どうだろう、吉沢さん。今日は面倒をかけたお礼に、この私にあんたを可愛がらせてはもらえないかな？　なに、絶対に後悔はさせないから」

えっ、か、可愛がるって……？

一瞬、言っている意味がわからなかったあたしだったが、高志さんはそんな怪訝そうなあたしの手をとると、スルスルと撫で回してきた。

「いや、私はこれでもね、ことオンナにかけては経験豊富でね。浮気した相手も数知れず……死んだ女房には、そりゃあもうしょっちゅう苦労かけてたものだよ」

「は、はあ……？」

「まあもちろん、あっちのほうはさすがにもう役に立たないけど、その他のテクニックに関しては、まだまだ錆びついてないつもりだ。ね、どうかな?」

ど、どうかなって言われても……ますます困惑するあたし。でも、意外にも高志さんはかなり積極的だった。

唐突に、なんとニットのセーターの上から、あたしの胸の膨らみのラインをそっと撫でてきたのだ。驚きよりも、むしろ、そのあまりに絶妙なタッチの感触に、あたしはドギマギしてしまった。

「いやほんと、すばらしい胸をしてるね、吉沢さんは。ふっくら丸くて大きくて、ピンとした張りがあって……」

そんなことを言いながら、さも自然なふるまいのように、両手を使ってあたしの左右の乳房を撫で回してきて、そのゾクゾクするような波動が乳肉の中心に向かってじわじわと浸透してくるようだった。

「……あ、あん……だ、だめですったら、そんな……んんっ……」

口ではそんなことを言いながら、高志さんの指ワザに翻弄されていく自分を、自分の肉体を、もうどうすることもできなかった。

「ほうら、気持ちいいだろう? さあさあ、こんな野暮な服は脱いじゃおうね。そのすばらしい胸を直に拝ませておくれ」

促されるまま、あたしは頭からセーターを脱ぎ、ぷるんとこぼれ出た乳房を、ブラジャーのいましめから解放した。

「あああ、ありがたい……こんな美しい乳を拝むことができるなんて、眼福、眼福。いい冥途のみやげができたというものだ」

ちょっとそんな大げさな、と思いながらも、そこまで言われるとやっぱり悪い気はしない。あたしはいい気分で、高志さんの女の快感のツボを押さえた愛撫テクニックに身を任せ、快感に没入していった。

「ああ、うっとりして、ほんとにいい表情だね。でも、私の本領発揮はこれからだ。もっともっといい気持ちにしてあげるからね」

高志さんの言葉に、いやでも期待が高まってしまう。

あたしはジーンズと下着を脱ぐように指示され、言われたとおりにして、とうとう靴下以外すっぽんぽんの状態になってしまった。このリビングは庭に面していて、サッシを通してさんさんと陽光が降り注ぐ中、よそ様の家でほぼ全裸になっている自分のことがなんとも不思議な感じだ。

「さあ、ソファに座って大きく脚を開いて」

高志さんに言われるままの姿勢をとると、その開いた中心に向かって彼の指が忍び寄ってきた。そして、あたしの肉門に触れてくる。

「…………っ！」

あたしはあまりの快感におののいた。

肉門の周囲から中へと忍び入り、肉ひだを掻き乱す高志さんの指は、意図してやるとすれば細かく速すぎる動きで震え、その喜悦のバイブレーションが全身に広がっていくようだった。

「あ、ああん、はあっ……すごい、こんな……こんなの初めてぇっ！」

「ほらほらっ、この指ワザは若い奴には絶対できんぞおっ！」

「あっ、あっ、あっ……イ、イク……イッちゃうぅぅぅっ！」

そりゃできないわよねえ。震わしてるんじゃなくて、自然に震えてるんだから。

あたしはそんな、ちょっと意地悪なことを思いながらも、高志さんの老練なテクニックに翻弄され、激しくイキまくっていた。

その後、今のところ高志さんの面倒を見ることはないが、密かにまた景子さんから頼まれることを心待ちにしているあたしだったりするのだ。

■私は手で男根を包み上下に擦りながら、舌で先っぽをペロンペロンしたり咥えたり……

昔の片想い相手の入院患者に逆夜這いする淫乱看護師長

投稿者　小堺香苗（仮名）／四十歳／看護師

某県A市の、そこそこ大きな病院の整形外科病棟で看護師長として働いています。自分でいうのもナンですが、医師や若いナースたちから絶大な信頼を得ていますし、なにしろこの仕事が生きがいです。同期たちは皆三十歳前に結婚し職場を去りましたが、私はこの病院に骨を埋める覚悟で、今後も病院内の全職員の模範となる看護師長を目指していく所存です。結婚？　いえ、そんなもの眼中にありません。恋愛？　そんなものに費やす時間も労力も無駄だと考えております。

と、ついこの間までは本気でそう思っていたんですが……。

一昨日のこと。足の骨折で入院した男性患者さんが私を見るなり、

「え……もしかして香苗？　そうだよ、香苗じゃんっ！」

足の痛みで顔を歪めながらも明るく言ったのです。

「あ～～健太！　里見健太（仮名）っ！」

そう言葉にした途端、私は一瞬にして高校生の頃の自分に戻りました。

高二の春、同じクラスになった健太はサッカー部のエースで人気者。女子たちが皆お熱を上げ、私も健太に夢中になりました。でも健太は夏休み初日に私の親友の実加子と付き合い始め、私は「好きです」と打ち明けてもいないのに振られた気分で三日間ふとんの中で大泣きしてしまいました。苦い苦い思い出です。でも甘い甘い思い出でもあります。高校を卒業するまでずーっと健太一筋、好きでい続けたのです。もちろんせつない片想いでしたけど……。

「高校卒業以来だよなぁ？　俺、同窓会に一度も出たことないからさ」

はっと、健太の声で我に返りました。

「本人不在でも、いつも健太の噂でもちきりだったよ、結婚は二十五歳とダントツ早くて子供は三人もいるんでしょう？」

「おおお～～、バレてんのかぁ！　香苗は？　結婚……」

「それがぁ～……いまだ婚活中でございま～す」

「あ、そうだ、お前、婦長さん……じゃなかった、看護師長さんだよな？　すげーな、大出世だな。尊敬するわ～～。いや、マジすごいよ」

「ありがとう、素直に喜んでおくわ」

時の流れとはすごいものだと思いました。

私、ふつうに健太と話してる……

あの頃も、こんな風に気さくにしゃべれてたら、もっと健太との距離を縮められていたかもしれないのに……。

入院の翌日、健太は足の手術をしました。骨折した場所が足首だったので（医学的な説明はここでは省略しますね）、早く回復するために手術をしたのです。そして一週間後に抜糸をし、さらに一週間後、何もなければ退院になります。

私にはあまり時間がない……なぜかふと、そう思いました。

「大丈夫？　今夜も痛むようなら飲んでね、ここに置いておくから」

痛み止めをベッド脇のテーブルに置きながら、私はヒソヒソ声で健太に伝えました。

「ああ、うん……もう薬は大丈夫っぽい。食欲も戻ったし」

術後三日目の深夜、整形外科病棟は静まり返っています。二人部屋の健太は窓側のベッドに寝ていました。

「看護師長さんなのに、夜勤するんだ？」

「もちろん、看護師はみんな平等よ。ちなみに私、明日も夜勤だから」

本来、今夜も明日も夜勤ではありません、若いナースと交代したのです。どんなにお礼を言われたことやら……誰だって夜中の仕事は辛いですからね。

グォ〜〜〜グォ〜〜〜とカーテン越しに隣りのベッドから大きなイビキが響いてきました。どうやら隣りの患者さんは熟睡しているようです。私は（今だわ！）と意気揚々として健太をくるんでいる白い掛け布団を剝ぎ取りました。

「え……？　あ、お、おいっ！」

「シッ！　静かにしてて！　動くと傷が痛むわよ！」

私はパジャマのズボンを一気に膝の下まで下ろしました。健太は咄嗟に背を向けようとしたのですが、右足首に巻かれたギプスのせいで身動きが取れないようです。まさに〝まな板の上の鯉〟状態です。

私はゆーっくりと黒いトランクスの上をさすってみました。前ボタンのあたりを手のひらで上下させると、健太の息がハッハッと荒くなってきました。同時に突起物が固さを増していきます。私はそれを一刻も早くこの目で見てみたくて、トランクスをも引きずり下ろしました。

「わぁっ、すごいじゃないの！」

勃起した大きな男性器が垂直に立っています。

「こんなに立派なの見たことないわ……」思わずパクンと口に含んでしまいました。

「あっ……ふっ……」健太が感じているのが嬉しくて嬉しくてたまりません。私は激しく舌で亀頭をねぶり回しました。

「あああ、いい……よ、香苗……」健太が喘ぎながら私の名前を呼んでくれているのです、こんな幸せなことはありません。私は手で男根を包み上下に擦りながら、舌で先っぽをペロンペロンしたり咥えたりしました。「おお、香苗……いい……」

私のお股ももうぐっちょり濡れています。

私は瞬時にしてベッドの上の健太にまたがりました。そしてナース服をたくし上げ、「見て、ちゃんとパンティは脱いできたのよ」と言ってアソコをわざと見せ、男性器を私の草むらの中へ招き入れました。

グィッグィッグィッ、と三段階で私の膣の奥に導いてあげると、

「くくぁ～～～、くぁ～～～」

まるで獣のような唸り声をあげ、健太は下から突き上げてきます。

私は白衣のボタンを外し、ブラジャーをたくし上げました。

「ねぇ、オッパイさわって」

興奮している健太は荒々しく私の乳房を揉み、時々乳首の先端を摘まみます。

「イイ～～、これ、私が一番ヨワイとこなのぉ～～」

あまりの快感に膣穴がキュ～ッと締まります。

「おぅぅぅ～～！　いいよ、早苗の……キツくていいよ」

「もっと締めてあげる」腰を振りながら肛門に力を入れると、更にアソコが締まったようで、健太は快感と興奮のるつぼと化しています。もちろん私も感じまくっていて、健太の男根は私の大量のマン汁ちゃんで溺れてしまいそうなほどです。

「あん、健太の……大きくて……ゴリゴリしてるぅ……ハァハァ」

「香苗のマ○コ、ねっちり吸い付いてきてサイコーだよ……ハァハァ」

私たちのいやらしい言葉と卑猥な密着音は、隣りのベッドの患者さんの大きなイビキにも負けないほどでした。

クッチョクッチョ、クッチョクッチョ………。

ぐお～～～～ぐお～～～～ぐお～～～～……。

どのくらい腰を振りまくっていたでしょうか。私たちは汗まみれになって交尾し続け、突然、そのときが同時にやってきました。

「イク～～～～～！」

「おれもだ……きた～～～～～っ！」

二人、同時に叫んで果てました。

健太の熱い精液が私の中に一旦溢れ出し、ジワジワと膣を伝って下りてきました。

「大丈夫よ、安全日だから。健太はそのままにしてて。後は私が処理してあげるから」

「さすが、看護師長さんだな」

健太はニヤッと笑って、その後も私のされるがままになっていました。

今や私はどこに出しても恥ずかしくない（恥ずかしい？）インラン看護師として目覚めてしまい、新たな人生を歩み始めたというわけです。

■先生はじっとあたしのこと凝視しながら、自分のアレを摑んでしごきだして……

若い男性教師に教えられた相互オナニープレイの禁断快感

投稿者 浜口りんか（仮名）／24歳／OL

あたし、ヘンなのかな～？

セックスよりもオナニーのほうが好きなのよね～。

いや、男が嫌いっていうわけじゃ全然ないんだけど、合体してエッチするよりも、お互いのオナニー見せ合うほうが興奮するし、とっても感じちゃう。

そんなふうになったのにはきっかけがあってね。

あたしがまだ高校生の頃、新任の若い先生のことが好きになっちゃってね。まだ大学生っぽさが抜けない感じのスポーツマンタイプの先生でね、たしか、今の私と同じ二十四歳だったと思う。専門は化学……ま、こっちは私、全然ダメだったけど（笑）。で、当時すでに処女じゃなかった私はイケイケで、先生が一人暮らししてるアパートを突き止めて、ある日、そこに突撃しちゃったわけ。ヤッちゃえばこっちのものって感じで。

でも、あたしがどんなに迫っても、先生は絶対にやろうとはしなかった。あたし、当時もうほんとに先生のこと好きだったからテンションぶちキレちゃって、

「抱いてくれないいんなら、リスカしてやる～！　先生のせいであたし、出血多量で死んじゃうんだ～～～っ！」

って、もうとんでもない迷惑ＪＫよね、まったく。

そしたら先生、う～んってアタマ抱えたあと、こう言ったの。

「わかった、浜口。おまえの気持ちはほんとにありがたいよ。でもな、やっぱりオレ、教師として、おまえのことを抱くことはできない。だからその代わりに、オレが大好きなやり方で、愛し合うっていうのはどうかな？」

「……先生の大好きなやり方？」

「うん。オレ、ほんと言うと女とセックスするのってちょっと苦手でさ……まあ、そのうち慣れてくるとは思うんだけど、それよりも、その……自分でオナニーするほうがずっと好きなんだ。で、あともちろん、女の子がオナニーしてるところ見るのも大好き。すっげー興奮しちゃう」

「ふーん、そうなんだ」

「だからどうかな、お互いに見せ合いっこしながらオナニーしないか？」

「え、ええ～～～～っ⁉」

あたし、ちょっと引いちゃった。セックスするのなんか全然平気だけど、他人にオナニー見られるなんて、ちょっと恥ずかしすぎない？　そんなことない？

先生にそうやって言ったら、

「大丈夫、大丈夫、オレだってするんだから、おあいこだよ（？）。ね、やってみようよ。絶対キモチいいからさ」

で、思いのほかグイグイくる先生に押される格好で、あたし、制服を脱いで裸になって、壁に背をもたれさせる姿勢をとったの。もちろん、先生のほうも同じ格好で、すぐ脇にあるベッドに寄りかかって、あたしたちは向かい合った。

そしてすぐに、先生はじっとあたしのこと凝視しながら、自分のアレを掴んでしごきだした。最初だらんと柔らかかったソレが、あっという間に太く大きくなって、先っちょのピンク色の亀頭部分がパンパンに張り詰めてくるのがわかる。

最初は躊躇してたあたしも、その様子を見てるうちになんだかムズムズしてきちゃって、右手を胸に、左手をアソコにやっていじくり始めた。その様子を、ますます食い入るように先生が見つめてきて、手のしごきのスピードをグングン速くして。

「ああ、浜口……いいよ、とってもいい……ほら、もっと激しくオッパイ揉んでごらん？　アソコももっと掻き回して……そう、その調子」

先生は息を荒げながらそんなこと言って、あたしのほうもすっかりノせられて昂ぶってきちゃった。

「あ、あん、先生……あたしも、なんだかすっごく気持ちいい……ああっ！」

「はぁはぁはぁ……ああ、いいよ、浜口、すっごくエロい……ほら、もっと自分で乳首ひねりあげて……そうそう、オマ○コにも指を深く突き入れて……」

「あふっ、はあっ……ああん、せ、先生っ……！」

自分のアソコがグチュグチュとものすごい音をたてて乱れるのを感じながら、あたしもしっかりと先生の痴態を見つめて……。

「せ、先生のもすごい……はち切れそう！　あたしのこと見ながら、もっともっとしごいてっ！　感じてっ！」

「あ、ああっ、は、浜口っ……！」

先生のチ○ポの先端も、滲み出した透明な液でだらだらに濡れまみれてる。しごくたびに、グッチュ、ヌッチュとやたらぬかるんだ音をたてた。

「ああ、浜口のマ○コももう大洪水じゃないか……ああ、はぁ、はぁ……いいぞ、いい、その調子だ……もっと抜き差ししてっ！」

「ああん、せ、先生……先生もイッちゃってぇっ！」

二人の喘ぎ声が高まり、からみ合い、こだまし合って……あたしと先生は、いよいよクライマックスに向けて最後の昂ぶりに達しようとしてた。

「ああん、もうダメ、先生……あたし、イッちゃうよぉっ！」

「うう、う、お、オ、オレも……もう……！」

「あ、ああ、あっ、はぁぁぁっ！」

あたしは、今までのオナニーでは感じたこともないほどの快感でフィニッシュを迎えながら、先生の放出した精液がピュピュッと自分の開いた股間のすぐ近くまで飛んでくる様を、呆然としながら見つめてた。

結局、そのあとほどなくして、あたしも先生に興味をなくしちゃって（飽きっぽくてスミマセン）現在に至るんだけど、そのときの相互オナニーの快感だけは忘れられなくて……まったく、先生もヘンな教育してくれちゃったものよね？

第四章

一期一会に酔い溺れて

■私は肉裂を露わにし、根元をぐっと摑んで支え立たせた肉棒の上から沈み込ませ……

アルバイト大学生の送別会で童貞肉棒を美味しく味わって

投稿者　倉木遼子（仮名）／31歳／パート主婦

家の隣り町にあるファミレスでパート勤めしてます。

ついこの間、こんな体験をしてしまいました。

私のお気に入りの大学生アルバイトで、Nくんというとってもイケメンな好青年がいたんだけど、卒業して就職が決まり、店を辞めることになりました。

彼は皆に好かれてたから、パート・アルバイト仲間でささやかな送別会を開いてあげたんです。

店の近所の居酒屋に総勢七人で予約をとって、午後六時から宴は始まりました。最初はNくんを中心に店長の挨拶やら、皆からの贈る言葉やら、それなりに送別会らしく進行していったものの、ある程度お酒と時間が進むと、もう皆てんで好き勝手に盛り上がる中、いつしか私とNくんはさしで飲む格好になり、いろいろと話しをしていました。で、彼の彼女のことなんか話してるうちに、思わず、実はNくんがまだ童貞であることが判明してしまって。

「ええっ、マジ？　きみ、こんなイケてるのにまだ未経験だなんて……おばさん、びっくりだわよ！」

私がちょっと冗談めかしてそんなふうに言うと、彼は、

「おばさんだなんて、やめてください。倉木さんは全然若くて、ステキですよ」

と、ぼそっとつぶやくように言い、私は思わずドキッとしてしまいました。

「またまた〜、そんなお世辞言ったって、何も出ないわよ〜っ？」

私の照れ隠しのような言葉にも、Nくんは、

「だって……本当のことだから……」

と答え、その真剣な面持ちを変えようとはしません。

私はがぜん気分が昂ぶってしまい、思わずこう訊いていました。

「それって、私を女として見てくれてるってこと？　ねえ？」

彼は、少しだけ間があったものの、真面目な口調でこう答えました。

「当たり前じゃないですか」

私の心臓は一気にドクドクと高鳴り始めました。もう、周囲の仲間たちの喧噪など、まったく聞こえなくなってしまいました。

そして、あることを実行することを心に決め、Nくんの手をとり、席を立って歩きだしました。

「えっ、えっ……倉木さん、どこ行くんですか?」

「ト・イ・レ!」

この店にはもう何度も来ているので、勝手知ったるところ……男女兼用のトイレが三つもあり、そうそう全部がいっぺんに埋まることがないのを知っていました。つまり、一つをある程度の時間占有しても、それほど他のお客さんに迷惑はかけないということ。

「トイレ? ど、どうして……?」

まだ私の思惑が呑み込めず、うろたえながらそう訊いてくるNくんに対して、私は周りに誰もいなくなったことを確認した上で、唇にキスしてあげました。

「…………!」

驚く彼をそのままトイレの個室に引きずり込み、中から施錠しました。そして、

「餞別に、きみの童貞もらってあげる。あたしにならくれるでしょ?」

と言い、あらためて濃厚なキスをかましました。

「んっ……ふぅ、う、く、倉木さん……ああ……」

Nくんは、ゾクゾクするような甘ったるい声でそう喘ぎ、それが私の問いかけに対する何よりも明快な答えだと思いました。

私は、蓋をした便座の上にNくんをこちら向きに座らせると、その膝の上にまたがり乗って、たっぷりとキスを愉しみました。

そして次に、自分でブラウスの胸元を開け、ブラを外してナマ乳をさらすと、それを彼の顔に押しつけていきました。Fカップの大きさを誇る私の乳房の圧力に、彼は一瞬圧倒されながらもすぐに迎撃態勢をとり、はむはむと乳肉をむさぼり、大きめの乳輪とその中心にある、これまた大粒の乳首をじゅるじゅる、ちゅうちゅうと舐めしゃぶり、吸ってきました。

「ああ、いい……いいわ、Nくん……とっても感じちゃう……」

「はむっ、んじゅぶ、うぶ……ああ、倉木さんのオッパイ、とってもおいしいです……んじゅるる～～～っ」

「はひぃっ、あんん……あう～～～～！」

そうするうちに、私のお尻の下でムクムクと彼のアレが存在を主張してくるのが感じられました。ジーンズの厚い布地を通しても、その硬さと熱さがビンビンに伝わってきて、私の下腹部を絶妙に刺激してきます。

「ああ、Nくんのコレ、もうこんなに……！」

私は少し腰を浮かせると、ジーンズのチャックを下ろし、中から彼のモノを引っ張り出しました。直に触れる膨らんだそれは、なお一層燃え立つように熱く脈打っていて、その先端はもうすでにうっすらと濡れ滲んでいるようでした。

「ああ、Nくんのオチン○ン、とっても立派、ステキよお……」

私は彼の耳朶を嚙むようにしてそう囁きながら、ソレを上下に激しくしごきたててあげました。

「ああっ、あっ、はあっ、んんっ、くう……！」

そのひとしごきごとに彼は熱い呻き声をあげ、でも私の乳首を吸うことはやめず、それどころか、私のパンツの前をこじ開けて股間に手を突っ込むと、ぐちゅぐちゅと肉裂をいじくりこね回してきました。

「んくぅっ……はぁん、あ、Nくぅん……！」

いよいよ私もたまらなくなってきてしまいました。

「ああ、もうだめ、限界！　Nくんのコレ、食べちゃう！」

そう言うと、自分でパンツとパンティをぐいっと引き下げて肉裂を露わにし、根元をぐっと摑んで支え立たせたNくんの肉棒の上から沈み込ませていきました。

「ああっ、はぁっ……いい、くる……奥までくるわぁ……」

「ううっ、倉木さんの中、とっても熱い……ああっ！」

最初は私が体を上下に揺さぶっていただけでしたが、そのうちNくんも下から突き上げてくれるようになり、二人のまぐあいは見る見る深く激しくなっていきました。

そして、私の胎内で一段と彼の存在が硬く大きく張り詰めたと思った、次の瞬間、

「あっ、もう……い、いく……ああ～～～～～！」

彼は悦楽の喘鳴とともに、若いたぎりをこれでもかと私の中に射ち込んできて、私はそれを貪欲に飲み込みながら、

「ああっ、ああ、イク……ッ！」

絶頂に達してしまっていました。

この私との思い出を胸に、Nくんには立派な社会人として、がんばっていってほしいものです。

■私は彼女から渡されたバイブレーターを、そのヌルヌルの股間に突き入れて……

幼なじみの彼女に乞われ処女を奪ってしまった私！

投稿者 敷島かなえ（仮名）／21歳／大学生

故郷の北陸を離れて、東京で女子大生やってます。

ついこの間、中・高と一番仲がよくて、今は地元で就職して銀行レディやってる早織が、三連休を利用してこっちに遊びに来ることになりました。北陸新幹線ができたおかげで、ほんと、行き来が楽になりましたもんね。

で、東京駅で早織を出迎えた私は、ちょっと驚いてしまいました。

実は彼女に会うのは、高校卒業以来、三年ぶりだったんだけど、びっくりするくらいセクシーで大人っぽい感じになってたんだもの。元々ダイナマイトバディの持ち主だったけど、当時はそういう目で男子たちから見られるのがイヤでたまらなかったみたいで隠すようにしてたのが、今やばっちり体の線が出るタイトな服をこれみよがしに着こなして、すっかり自分の『武器』にしちゃってるみたい。昔はBL小説好きの腐女子で、地味でさえない子だったのに……変われば変わるもんだなーって。

まあでも、そんなとまどい感も最初だけで、いったん話しだすと、それはもうまぎれもなくあの早織で、私たちは一瞬にして高校時代に戻り、とめどもないおしゃべりに花を咲かせてしまいました。

あ～、ほんと楽しい！

美味しいイタリアンの晩ごはんを食べ、軽くワインも飲んで気持ちよくなった私たちは、タクシーに乗って下町のA区にある私のワンルームマンションへと向かいました。昔はヤンキーしかいないっていわれて、イメージも悪かったこの辺りだけど、今じゃ大学とかマ○イとかもできて、すごい家賃とかも高くなっちゃってるんだよー、なんて車中で話しながら、着いたのは十一時頃でした。

疲れたでしょー、お風呂入って今日はもう寝なよー、って私が言うと、早織はなんだかちょっと準備があるからとか言って、私に先に入るようにって。

そっかー、うん、わかったーって、確かにそれなりに酔いも回って、もうけっこうグロッキー状態だった私は、お言葉に甘えてって感じで浴槽にお湯を溜め、服を脱ぐと先にバスルームに入りました。

もちろん髪は洗わず、軽く湯船に浸かってほんのりとリラックスしたあと、私はボディシャンプーを泡立てて体を洗い始めました。

と、そのときでした。

急に扉が開いて、裸の早織が入ってきたのは。

え、ええ〜〜〜っ⁉

私は驚き、慌てて泡まみれの体を自分で抱え込むようにして隠そうとしましたが、沙織は平然とした顔で、何よ今さら〜？　昔は普通に一緒にお風呂入ったやん？　って言って、まったく悪びれるふうもなく。

い、いや、確かに昔はね？　でも、今は私たちもういいトシのオトナじゃん？　さすがに恥ずかしいよ〜っ！

と、私がドギマギしちゃって、慌ててとりあえず湯船の中に逃げ込もうとすると、彼女は後ろから羽交い絞めにするように引き留めてきました。

そして、思いもよらないことを言ったんです。

うん、オトナだから……絶対にかなえとこうしようって決めてたんだ。今初めて言うね。あたし、ずっとかなえのことが好きだったんだ。

それは衝撃の告白でした。

彼女はもうずっと前から、私のことを恋愛の……欲望の対象として見ていたっていうんです。私のことを想うと、たまらなく悶々となって、何度も何度もオナニーしちゃうくらいに。

でも、これまでその想いをどうしても私に打ち明けることができず、本当はこのままずっと秘めたままにしようと思っていたんだそうです。

ところが、今の職場で知り合った同僚男性と初めて付き合い始め、将来の結婚について考えるようになったとき、どうしても私に本当の想いを告げ、あることを成し遂げて、レズビアンの自分から、世間一般的な女へと転じるためのけじめをつけなければと考えるようになったのだと。

その『あること』とは……私との処女喪失。

早織からそう言われたとき、さすがに私もヘンな声をあげてしまいました。

えっ……だって、私には早織の処女を奪う『モノ』なんてないよ？

と、なんだか間の抜けたようなことを言ったわけですが、すると彼女は軽く微笑むとそのままいったんバスルームを出て、少し後、何かを手にして戻ってきました。

それは、なかなか立派なバイブレーターでした。

パープルがかったシースルーで、中には色とりどりの小さな玉がぎっしりと詰まっています。彼女がスイッチを入れると、低い振動音をたてながらウネウネとうごめき始めました。そして言うのです。

これを使って、かなえの手で、奪ってほしいの、あたしの処女。

早織の濡れたような、でもまっすぐな視線を受け止め、私は彼女の『本気と覚悟』を痛感しました。

こんなにすべてをさらけ出され、ぶつけられたら、どうして断ることなんてできるでしょうか？　私もとうとう腹を決めたんです。

わかった。

そう言って、彼女としっかりと向き合い、口づけしました。

舌と舌をからみ合わせ、唾液を啜り合って……バスルーム内にそのクチュクチュ、ジュルジュルという湿った音がこもり響き、むせかえるような熱気とあいまって、脳天が痺れるような甘美な陶酔が湧き上がってきます。

はぁ、はぁ、はぁ……あふ……かなえぇ……！

んぐっ、うぷ……ふぅ……早織ぃ……！

私がまだ恐る恐るという感じで早織の体をまさぐると、彼女のほうは打って変わって激しい攻撃を……うねるバイブレーターを私の剝き出しの乳房に押し付け、そのたまらない振動を性感に送り込んできました。

ああっ、あっ……そ、そんなぁ……早織、だめぇっ……！

うふっ、そんなこと言って、かなえの乳首ったらもうこんなにビンビン……気持ちええんやね。あたしも嬉しいわぁ！　そしてさらにその振動は私の股間へと。

ひ、ひあああっ……き、きもちいひぃぃっ……！

私はそう叫びながら、負けずに早織の大きなオッパイを摑み、揉み回しました。私の体から伝わりからんだ泡が、妖しい粘度を醸し出しながら、ニチュニチュ、ヌメヌメと彼女の乳房に、乳首にまとわりつき、その弾けるような力感を増幅していきます。

ああっ、かなえ……もっと、もっと揉んでぇ！

あふぅ……早織……私ももうなんだかたまらなくなってきちゃった……ああっ！

私たちは今やネッチョリと濃厚にお互いの体を密着させ、からみ合わせ、その隙間をこじ開け、ねじ込むようにバイブレーターを使って快感を共有していました。

そしていよいよ、そのときがやってきました。

ああ……かなえ、お願い、きて……あなたの手で、これを使って、あたしを『オンナ』にして……あ、ああっ、そう……そうよ、もっと、もっと深く……あ、あああっ！

私は、彼女から渡されたバイブレーターを、そのヌルヌルの股間に突き入れ、淫らな振動を響かせながら、何度も何度も出し入れさせたんです。

グチュ、ヌチュ、ズチュ、ジュブブ……！

あひ、ああっ、ひぃ……か、かなえ……あう～～～っ！

彼女のアソコから滲み出した血が、白い泡をピンク色に染めていきました。

その破瓜《はか》の痛みに一瞬、眉間にしわを寄せたものの、間もなく早織の顔には恍惚とした官能の悦びが広がっていきました。そして、

ありがとう、かなえ……ああっ……！

彼女は処女喪失とともに、初めてのオーガズムも味わいながら、私の腕の中でヒクヒクと震え、脱力したのでした。

私たちはあと二日を楽しく過ごし、三日目、東京駅で彼女に別れを告げました。

ちょっと寂しかったけど、私はそれ以上に、彼女の新しい人生の旅立ちを喜ぶ、爽やかな気持ちに溢れていました。

早織、幸せになってね！

■意外なほどに私のソコは、相手の巨大ペニスをすんなりと呑み込んでいって……

レイプ&ロスト・ヴァージンの衝撃カイカン体験！

投稿者　村瀬直子（仮名）／33歳／OL

私、実はついこの前まで、ヴァージンだった。

実にヴァージン歴三十二年。

自分でも不思議だった。

昔から、周りから「美人、かわいい」と言われ、カラダも巨乳とはいわないまでも、Eカップの存在感たっぷりのバストと、適度にくびれたウェストラインで、自分でいうのもなんだけど、女としての魅力は十分すぎるくらいあった。

告白された回数も十回や二十回じゃすまない。実際、つきあった人数も両手じゃ足りないくらいだ。

なのに。

それらどの男性とも、最後までいくことはなかった。

キスして、ペッティングして、ベッドインして……すごくいいところまでは何回もいったのだけど、その都度、急にアレが始まっちゃったり、向こうが役に立たなくなっちゃったり……その他、いろんな理由でロスト・ヴァージンを逃してきてしまい、とうとうそんな、ヒモノ女みたいになってしまったのだ。

さすがにここまでくると、私もなかばあきらめの心境だった。

まあ、いいか。もうこのまま一生ヴァージンで結婚もできず、子供を持つこともなく、女の人生を終えてしまっても、それが運命なら……。

ところが、それは突然にやってきた。

私は夜のジョギングを日課にしているのだけど、その日も勤めを終え、一人住まいのアパートに帰宅して軽めの夕食をとったあと、午後九時すぎ、近くを流れる川の土手へと走りに向かった。その土手をだいたい一時間ほど走るのが、私のジョギング・コースなのだ。

そこはいつも、それなりの人数のジョガーでにぎわっていて、それゆえに暗い夜でもそれなりに不安なく走ることができるのだけど、なぜかその日に限っては、私の他に走っている人間を見かけることはなかった。

その土手にはあまりちゃんとした照明設備もなく、さすがにちょっと不安な気持ちになったが、なんといっても毎日走っている勝手知ったるコースだ。滅多なことはないだろうと考え、私はそのまま走り始めた。

ところが、その滅多なことが起きてしまったのだ。

走り始めて十五分ほどした頃、その辺は土手下の外側に民家などもなくて鬱蒼とした雑木林が広がり、私はコース中もっともうら淋しいスポットにさしかかったのだけど、いきなり、川サイドのほうの土手下の暗闇から大柄な人影が飛び出してきたのだ。私は驚愕したが、抵抗する暇もなくその人影に襲いかかられ、抱きすくめられ、もつれあうようにしてゴロゴロと土手下へと転がっていってしまった。その途中、私はしたたかに体中のあちこちを坂の凹凸にぶつけてしまい、その痛みに喘ぎ、ようやく土手下に転がり着いたときには、全身の打ち身のせいで満足に手足も動かせず、まともに声も出せない状態に陥ってしまっていた。

そうやって寝転がっている私のお腹の上に、その人影はマウント状態でまたがっていた。そして暗がりの中、ようやく姿かたちを窺うことができたのだ。

身長はゆうに百八十センチはあるだろうか。しかも白いTシャツを今にも引き裂かんばかりに筋骨隆々たる体躯をしていて、それはもう一目で抵抗しても無駄なことを痛感させられるたたずまいだった。顔は、残念ながら（か、どうかわからないが）目出し帽をかぶっているため、確認することはできなかった。

でも、穴の中から見える目がらんらんとギラつき、同じく穴の中の口が荒い息遣いをしていることから、その目的は一目瞭然……まちがいなくオスのたぎるような欲望を発散させ、私の肉体を犯そうとしているのだ。

マジで？　私、三十二にもなって、まさかレイプでロスト・ヴァージンするの？　ちょっと勘弁してよ～……と、内心愚痴り倒したが、かといって、だからやめてちょうだいと言うわけにもいかない。

ああ、どうしよう……焦りまくる私だったが、向こうはおかまいなしに私のTシャツの前をまくり上げ、下に着けていたスポーツブラを力任せにむしり取ってしまった。そして、大きくゴツゴツした手で、ぐいぐい、わしわしと乳房を揉みまさぐってきて。

あ、い、痛い、痛い！　そんなに強くやったら！　私の乳肉は無残なまでに鷲掴まれ、へしゃげさせられ、乳首はちぎれんばかりにねじられ、引っ張られて……このまじゃ痛すぎて死んじゃう……！

そう悶絶していた私は、でも、しばらくすると自分の肉体に変化が起こってきたことに気づいた。

なんと、気持ちよくなってきたのだ。

ジンジンと痛むだけだった乳房と乳首は、ある段階で麻痺したように無痛になったかと思うと、そのあとからじわじわと甘美な感覚が広がってきて……いつしか、男の指の動きに応じて、快感が走り弾けるようになってしまったのだ。

これまで何度か、そういったマンガや小説で、レイプされながら苦痛から快感に変わっていくという描写を読み、まさかそんなことあるかよと思っていたものだけど、それが実は本当だったことを自分の身をもって知らしめられてしまったわけだ。

「はぁ、はぁ、はぁ……っ！」

そうするうちに、男の息遣いが一段と荒々しくなって、あっと思う間もなく、私のスゥエットパンツが下着ごと脱がされてしまった。そして、向こうも膝立ちになると、ベロンと下半身を剝き出しにして、私のすぐ眼前に突き付けてきた。

うっ……わ、マジ⁉　ヤバすぎるんだけど……！

それは、恐怖を覚える程にまがまがしい巨大ペニスだった。いきり立ったその姿は長さは二十センチ、太さも優に五センチはあっただろうか。
ム、ムリムリムリ！　こんなの入れられたら、私、裂けちゃう！
私は恐怖で目を見開かせ、必死でやめてくれるよう訴えたのだが、もちろん、相手はそんなこと、してくれるわけもなかった。

次の瞬間、ソレが入ってきた。

ぐわっ、死ぬ〜〜〜〜〜っ！

と、先に頭で思った私だったが、実際、カラダは違った。先のレイプ愛撫で十分すぎるくらいに濡れていたであろうこともあって、意外なほどに私のソコは、相手の巨大ペニスをすんなりと呑み込んでいったのだ。もちろん、それなりの痛みはあったものの、ほどなくしてそれも快感に変わってしまい……、

「あっ、はぁっ……ああ〜〜っ……」

私は自分から腰を跳ね上げながら、その生まれて初めて味わうエクスタシーに陶酔し、もっともっととペニスを求めてしまっていたのだ。そしてそれに応えて向こうも抜き差しを激しくして……最後の瞬間、ペニスが抜かれ、私のお腹の上に大量の白濁液がまき散らされた。

暗闇で出血も見えなかっただろうから、向こうもまさか私がヴァージンだったとは思いもしなかっただろう。

こうして晴れて一人前の女となった私は、それから、ヒトが変わったように楽しく充実したSEXライフを送っている。

正直、あの見知らぬレイプ犯に感謝することしきりなのだ。

■彼女は正常位での康平さんのペニス挿入とともに私のクリトリスをしゃぶり責めて……

女友達とそのセフレとの3P快感で昇天してしまった私！

投稿者　渡瀬潤子（仮名）／27歳／専業主婦

私と夫は年齢がひと回り以上離れていて、夫は今四十二歳です。それなりの企業で順調に出世した夫は給料もよく、やさしいし、私は世間的にはとても恵まれた結婚生活を送れているのだと思います。

でも、一つだけ夫に対して不満があります。

そう、それはお察しのとおり、セックスについてです。

夫はそれなりの年齢ということもあって夫婦生活についてあまり積極的ではなく、せいぜい二〜三ヶ月に一度という感じで、しかも、決して強くはありません。前戯はねちっこくやってくれるものの、せっかく私がいい感じで昂ぶってきても、挿入後ほどなく中折れしてしまいやむなく中断……ここ半年ほどは〝イク〟という感覚からずいぶんご無沙汰してしまっています。

私は元々、大のセックス好きというわけでは決してないのですが、肉体的には最も性的に成熟している年代なわけで、さすがにこんな境遇だと欲求不満が高まってきてしまいます。思い余って、前に料理教室で知り合って以来、それなりに仲良くしている友人の雅美さんに、正直にそんな不平不満について相談しました。彼女は某大手銀行に勤める二十九歳の独身女性ですが、自分から進んでけっこう遊び馴れていると話してくれていたからです。わらにもすがる思いだったといってもいいかもしれません。

するると、雅美さんは少し考えた末、こう言いました。

「潤子さんのつらさ、よ〜くわかったわ。とてもいいご主人だから、心から裏切る気がないことも。欲求不満を解消するにも、ちゃんと話のわかった、あと腐れのない相手じゃなきゃダメよね。うん、まかしといて。わたしがドンピシャの相手を紹介してあげるから、ね？」

私は、明るく、だけど真剣に向き合ってくれる雅美さんの言葉を聞き、ああ、思いきって彼女に相談してよかった、と心から思いました。

数日後、彼女から連絡があり、私の『お相手』を紹介してくれる段取りが決まりました。月末がちょうど出張で夫がいないので、そこの週末で会うことになりました。

でも、驚いたことに雅美さんも同席（同衾？）するといいます。見ず知らずの男性と二人きりよりも、そのほうが安心でしょ？　という理由で。まあ確かにそうですが、やはりちょっと恥ずかしいな……私はそう思いましたが、彼女には言えませんでした。

　そしてとうとう、その日がやってきました。場所は雅美さんの一人住まいのマンションです。

　私が先に行って、雅美さんとあれこれ話しながら待っていると、その彼がやってきました。証券マンをしている三十歳の康平さんという男性だと聞いていました。

　初対面の彼は、清潔感のあるとても感じのいい人でした。雅美さんとはたまに会ってエッチを楽しむ、純粋なセフレの間柄だといいます。

「何度も言ってるけど、彼のことなら私が保証するわ。きちんとした人だし、割り切ったいい関係を持てる、そりゃもう最高のセフレよ。彼なら潤子さんの相手にぴったりだと思うの」

「どうぞよろしく。いやあ、雅美さんから聞いてた以上に魅力的な人ですね。こんなきれいな奥さんがいるなんて、ダンナさんにちょっと嫉妬しちゃうな」

　康平さんはそう言ってさわやかに笑い、私はその笑顔にあっという間に好感を持ってしまいました。

「じゃあ、始めましょうか。いいわよね、潤子さん？」

　雅美さんの問いかけに私は頷いて答え、結婚以来初めてとなる、夫以外の男性と一つベッドの上で睦み合うためのときが始まりました。

私と雅美さんはすでに事前にシャワーを浴びていたので、康平さんが一人バスルームから出てくるのを待ちました。

寝室に入ってきた彼は、腰にバスタオルを巻いただけの格好でしたが、週に一回ジムに通っているということで、程よくシェイプアップされた、とても魅力的な肉体をしていました。

「さあ、私たちも脱ぎましょ」

雅美さんにそう促され、私は自分の服を脱いで裸になりましたが、なんのためらいもなくきれいに全裸になった雅美さんとは違って、初めての男女に同時に裸体を見られるという恥ずかしさのあまり、どうしても両手で体を覆う格好になってしまいます。

「そんなに恥ずかしがらないで、リラックスして」

康平さんもベッドに乗り上がってきて、さっと腰のバスタオルを剝ぎ取りました。

息を呑みました。

もうすでに彼のペニスが勃起していたからです。それも、夫の優に一・五倍はありそうな恐ろしいまでの存在感で。

「ふふ、びっくりした？　僕、いつもこうなんですよ。魅力的な女性を前にするとすぐに立っちゃって。でも、安心して。すぐに立つけど、すぐにイッちゃったりはしないから。たっぷりと感じさせてあげるよ」

彼は囁くようにそう言うと、私の腕のガードを下ろさせ、露わになった乳房に手を触れてきました。そして、乳房を覆うようにして包み込むと、ゆっくり、やさしく揉みしだいてきました。

「ああ、いい感触だ。ちゃんと張りがあるのに、すてきに柔らかくて。これは極上のオッパイだね」

「あ、ああ……」

ゾクゾクと感じる私のすぐ脇に、雅美さんがにじり寄ってきました。そして、熱い息を吹きかけながらうなじを舐め、耳朶を甘噛みしてきました。なんともいえない妖しい戦慄が私の体を走り抜けます。

「あ、ああ、雅美さん、そんな……」

「いいのよ、今日は潤子さんのためだけの日なんだから、おかしくなっちゃうくらい、思う存分感じていいのよ」

「そうだよ、潤子さん。すべて僕らに任せて」

両脇から二人に囁かれて、もう蕩けてしまいそうな気分です。

康平さんが右の、雅美さんが左の乳首を舐め、吸い始めました。

「ひう、うう……あ、ああ……きもちいいのぉ……」

「ほぉら、乳首、もうこんなにピンピンに尖って……ちょっと噛んじゃおうか？」

康平さんがそう言って私の勃起した乳首を噛み、それこそ電流のような衝撃が走り、私は体を思い切りのけ反らせて感じ悶えてしまいました。

「く、くはぁぁっ……」

そしてさんざんそうやって乳首を翻弄したあと、康平さんはずるずると下のほうに体を下げていき、とうとう私の股間に顔を寄せ、ぐいっと股を開いて肉芯にくらいついてきたんです。同時に、バトンタッチする形で雅美さんが私の乳首をいじり弄んでいます。すると、雅美さんの繰り出す胸への刺激と、康平さんが注ぎ込むアソコへの刺激が、一本の線でつながったかのように連動し、呼応し合って……生まれて初めて味わう別々の人間による快感のコラボレーションが、これでもかと私の性感中枢を揺さぶってきたんです。

「あふっ、ああ！　っあっ……だ、だめ、こんなの……すごすぎるぅっ！」

「あら、だめじゃないでしょ？　彼にむさぼられて淫らに蕩けきって、潤子さんのオマ〇コ、ぐちゅぐちゅ、ぬちゃぬちゃって凄まじい音立ててるじゃないの！」

「い、いやあっ、言わないでぇっ！」

あけすけに痴態を指摘され、私は心身ともにますます官能テンションを上げまくってしまいました。そして、雅美さんに促されるままに、今度は康平さんのペニスを咥え込んで、慣れないフェラチオに励みました。夫はあんまり好きじゃないみたいで、今までやらせてくれなかったからです。

そんな一生懸命な私のアソコを、雅美さんが舐めてきて……私は股間をびくびくと震わせながら悶え、さらに必死に康平さんのペニスをしゃぶりまくりました。

すると、康平さんがせつなげな声で言いました。

「ああ、潤子さんにそんなにされたら、僕ももう……さあ、それじゃあそろそろ入れさせてもらっていいかい？」

私はうんうんと大きく首を振って答えていました。

「じゃあ私は、潤子さんの最高のオーガズムのために、精いっぱいお手伝いするわね」

雅美さんはそう言ってスタンバると、正常位での康平さんのペニス挿入とともに、そのピストンに合わせるかのように私のクリトリスをしゃぶり責めてきました。

それは信じられないくらいものすごい快感でした。

「あああっ、ああ、あっ……ひぃっ、ひっ、ひっ……す、すごい……こ、こんなの、あたし、死んじゃうぅぅっ！」

自分でもびっくりするくらいの大声で叫んでしまい、目の前がまばゆいばかりに白く弾けてしまいます。

「ああ、いいよ、潤子さん……とっても締まりのいい、最高のオマ◯コだ！　うっ、ふぅ、はうっ……さあ、それじゃあ出すよ！　いいかい!?」

「あ、ああっ、あん、あん……いいわ、きて……きてぇっ！」

「潤子さん、イキまくっちゃって～～～～っ！」

私たち三人の嵐のような雄叫びが部屋中にこだまし、次の瞬間、フィニッシュのあとの淫らな静寂が辺りを包みました。

私は、絶妙のタイミングで膣内から抜かれた康平さんのペニスが吐き出したザーメンを、ヌチャヌチャと手で弄びながら、超絶快感の余韻に浸っていました。

もう大満足！

これでしばらくはまた夫との夫婦生活での欲求不満に耐えていけそうだけど、どうにもガマンできなくなったら、そのときは……雅美さん、よろしくね！

■Kさんの力強いピストンに応えて腰を振りまくりながら、私のほうも高まってきて……

催眠セックスの驚愕カイカンにたまらず昇天！

投稿者　柿沼美理（仮名）／35歳／パート主婦

私、マンションの自治会の役員やってるんだけど、春のバザーイベントの打ち上げを盛り上げるための余興の担当を任されちゃったんです。バザー終了後、スタッフ役員十五人でビールなんかを飲みながら安いオードブルを囲んでお互いを慰労する、ごくごくアットホームな場なんだけど、なぜか毎年、無名の漫才師や歌手、マジシャンなんかを呼んでステージをさせるという習わし（？）があって。

割り当て予算（三十分1ステージ一万円）の中でいろいろ考えた末、私はOL時代の知り合いの紹介で、催眠術師に出演のオファーをすることにしました。彼女によると、その催眠術師・Kさん（四十二歳・男性）は元々私たちと同じ会社に勤めていたんだけど、三十代後半で脱サラしてプロとしての活動を始めたっていう話。催眠テクニックはもちろん、話術も巧み、おまけになかなかのイケメンで、密かに奥様方からの人気も高いのだとか。

でももちろん、そんな人づての評判だけでオファーするわけにもいきません。私は事前に彼に会って、オーディションさせてもらうことにしたんです。

Kさんと連絡をとり彼の個人事務所に行くアポをとりつけ、三月の中旬頃のパート休みの日の午後、私は一人出かけていったんです。

そこは彼の自宅も兼ねていて、こじんまりとした賃貸マンションの一室でした。2DKの手前側の部屋が事務所、扉で閉ざされて中は窺えませんが、奥のほうが彼の自室のようでした。

「わざわざご足労いただき恐縮です。安井さんのご紹介ということで、このたびはお話いただきありがとうございます。今日はオーディションということで、はい、こちらこそどうぞよろしくお願いいたします」

Kさんはとても礼儀正しく感じのいい人で、それまでは少し緊張していた私のほうも、おかげでリラックスすることができました。だって、誰かをオーディションすることなんて、そうそうあるもんじゃないじゃないですか？　しかももちろん、今人気の韓国からの逆輸入俳優・大谷○平似の、評判どおりのなかなかのイケメンオヤジっぷりで、正直ちょっとドキドキしちゃいました。

「それじゃあ、催眠術師としてのオーディションですから、今日は柿沼さんご自身に術をかける形でご確認願うということでよろしいですね？」

　Kさんにそう問われ、私は同意しました。だって他に判断のしようってあります？

「わかりました。それではかけさせていただきますね」

　私は彼の指示のまま目を閉じ、そのうっとりするような心地よい声の響きに身を浸しながら、催眠施術を受けました。……が、

「はい、もう目を開けていいですよ。もう柿沼さんは完全に私の催眠術にかかった状態です。ご気分はどうですか？」

　正直、そう問われても、まるっきり何の変化も感じませんでした。

　とまどい気味にきょとんとしている私に向かって、Kさんは笑いながら言いました。

「そう、今はそんな感じですよね。それではこれからあなたにいろいろと命令させていただきますが、あなたの体はあなたの意思とは関係なく、それに従ってしまうことになります。身をもってその状況を体験することで、私の催眠テクニックがホンモノであることをご確認いただけるという寸法です。いいですか？」

　私は無言でうなずきました。術の影響か、声を出すことができなかったんです。

「それでは始めます。あなたは自ら服を脱ぎ、全裸になります」

　私はびっくりしました。何言ってるの、この人？　が、もっとびっくりしたのは、

私の体が勝手にその指示に従い、服を脱ぎだしてしまったことです。せめて言葉で異議を唱えようとしても、やっぱり声は出ません。え、え、え、ええ～～～～っ⁉

とうとう全裸になってしまった私を上から下まで舐めるように見回し、満足そうにうなずくと、Kさんはなんと自分も服を脱ぎだしました。私はただそこに立ち尽くしてその様子を見守ることしかできません。

そして目の前に、年相応には見えない彼の引き締まった肉体が現れ、眼前にすでに勃起した男性器を突きつけられました。

「すみません、柿沼さんのカラダがあんまりそそるものだから、もうこんなになってしまいました（苦笑）。はい、次にあなたはひざまずいて私の性器をフェラチオします。ねっとり、たっぷりと」

ちょ、ちょっと勘弁してよ～～～！　……と、頭では思っても、やっぱり体は従ってしまうのです。私は言われたとおり彼の前にひざまずいて、目の前の男性器を手で支え持つと、フェラチオを始めました。

亀頭をニュロニュロと濃厚に舐め回し、鈴口のところをクプクプとほじくるようにつつき責め、長い竿をジュルジュルと何度も何度も舐め上げ、舐め下ろし……。

「ああ、いいですよ、さすが人妻のテクニック、最高だ……はい、タマのほうも口に含んで……そうそう、う～ん、気持ちいい。ほら、手を離して口だけで咥えながら、あなたも自分でオッパイとアソコをいじくって……そう、その調子」

もう何を言われても、Kさんの指示のままに従ってしまう自分の体にとまどいながらも、私自身も否応もなく感じてきてしまいました。普通にオナニーするよりも、こうやって催眠指示の下でやらされるほうが、なんだか快感度が高いようです。

「やだ……どうしてこんなに気持ちいいの？　最近じゃあ夫とのエッチでも全然興奮しないのに……ああ、すごい、燃える～～～～っ！

「ほら、もっと激しくしゃぶって！　激しくいじくって！　うう……さあ、口の中に出しますよ！　一滴残らず飲み干してください！」

次の瞬間、口の中で目いっぱい膨らんだKさんの男性器が炸裂し、大量の精液が喉奥に流れ込み、私はそれをゴクゴクと飲み下していました。

「ああ～、気持ちよかった……さあ、それじゃあ、いよいよ本番のパフォーマンスといきましょうか。そこのソファに手をついてお尻をこちらに大きく突き出してください。そう……ああ、いいお尻ですね。では入れていきますので、あなたも腰を振りたてて深く受け入れてください」

すでに十分濡れきった女性器に、硬く再勃起したKさんの男性器が背後から挿入されてきました。ああ、ついさっき出したばっかりだっていうのにもうこんな……ふ、深い……か、感じる～～～～っ！

「はい、もっともっと腰を振って！　リズミカルに！　激しく！　そうそう、いいですよ！　ああ、最高の締まり具合だっ！」

Kさんの力強いピストンに応えて腰を振りまくりながら、私のほうもいよいよ性感が高まり、クライマックスの波が押し寄せてきました。

「さあ、今度は一緒にイキますよ！　はい、三、二、一……ううっ！」

あ、ああっ、ああん、イク、イク～～～～～～～ッ！

私はびっくりするような絶頂感の中、Kさんの二発目を胎内奥深くで受け止めていました。二発目もすごい量でした。

こうして、彼の催眠術師としての（？）確かな力量を身をもって確認した私は、正式にオファーを出し、結果、バザーの余興は大成功に終わったのです。

今度はぜひ、個人的にオファーを出したいと思っている私なんです。

■課長の口戯によって、私のそこはあられもない汁音を発しながらよがり悶えて……

勤務最後の日に課長と交わった思い出作りエクスタシー

投稿者　真壁ゆうか（仮名）／24歳／派遣社員

それは派遣社員として行っていた広告代理店での、勤務期間最後の日のこと。夜九時を回ってほとんどの社員は帰り、オフィスにはもう私と課長（三十六歳）の二人しか残ってなかった。

私もノルマを終え、帰り支度を始めたときのことだった。

課長が突然、声をかけてきた。

「真壁さん、たしか今日でうちは最後だったね。三ヶ月だったっけ……これまでお疲れさま。きみの事務スキルは優秀だったから、ほんと助かったよ」

正直、私はびっくりした。

私と課長の間に直接の命令系統はなく、これまで私たちはまともに話したことは一度もなかったから。なのに、歳が近くわりと親しく話してた女性同僚ですら最後の挨拶の言葉一つなく、さっさと帰ってしまったというのに、まさか課長がねぎらいの言葉をかけてきてくれるなんて……。

ちょっとグッときちゃった。

そして、私はなんと少し涙ぐんでしまったのだ。そんな言葉をかけてもらったことが、自分で思っている以上に嬉しかったのだと思う。

「お、おいおい、何も泣かなくても……俺、何か悪いこと言っちゃったかな?」

思わぬ女の涙に、ちょっとうろたえ気味の課長の様子がなんだかかわいい。と同時に、なんだかとっても愛しいと思ってしまった。それに、今まで全然意識したことなかったけど、課長ってあらためて見ると、けっこうイケメンじゃん?

三ヶ月が無難にあっという間に過ぎ、特別なんの思い入れもない職場だったけど、最後の最後で、思い出作りしちゃおうっかな……。

私の中でムクムクと、元々あったインランな小悪魔キャラが育ち始めた。

涙でうるませた瞳で、上目遣いに課長の顔を見て、言った。

「いえ、嬉しいんです。そんなこと言ってくれたの課長だけだから……」

そして歩み寄ると、ちょうど私よりも三十センチほど背の高い課長の胸の辺りにおでこをもたせかけて、さらに言葉を続けた。

「あ〜あ、こんなことなら、もっと課長といっぱいお話ししておくんだった。ひょっとして、いいお付き合いができたかもしれないのに……ふふ、なんて、今さら言ってももう遅いですよね。課長、どうぞお元気で」

「ま、真壁さんっ……！」

するると、いきなり課長が私の両肩を摑んで、

「い、今からでも遅くはないいんじゃないかな？　いいお付き合いするのは……」

と言い、おもむろにキスしてきた。

激しく私の唇をむさぼり、差し入れた舌を淫靡にからめてきて。

それは思いのほかテクニカルで、私は押し寄せる甘美な酩酊感に呑み込まれ、恍惚としてしまった。二人の唾液が合わさって口から溢れこぼれ、だらだらと顎から首筋を伝ってぬめり濡らしていく。

「んはっ、か、課長、そんな……だめです、こんなところで……っ！」

「だめなもんか！　今おれは真壁さんのことが欲しいんだっ！」

計算ずくの私の言葉に思惑どおりに昂ぶりはやった課長が、さらに激しく抱きしめてきて、私は勢いよく脇にあった三井さんのデスクの上に押し倒されてしまった。ガラガラ、ガシャンとデスクの上にあった電話や文房具、ファイル類などが床になだれ落ちてゆく。高価なＰＣがなかったのが不幸中の幸いといったところか。

課長は横たわった私の制服の前をはだけ、白いブラウスの中から覗いた薄ピンク色のブラジャーをぐいぐいと上にずり上げて……ぷるんと顔を出した乳首に吸い付いてきた。ちゅうちゅう、ちゅぱちゅぱとあられもない音をたてて啜り上げてくる。

「あっ、ああん……はっ、はっ……やん、課長、恥ずかしいっ！」

「そ、そんなことない、とってもキレイでかわいいよ！　ほら、こっちだって！」

課長はそのまま頭を下げていき、私の制服のスカートをめくり上げ、ショーツとパンストを脱がしてしまうと、煌々と灯った電灯の下に私の一番淫らで恥ずかしい部分をさらけ出す。そしてそのまま、その柔らかい肉の花びらを食みむさぼってきて。

「あああっ、はあっ……んあっ、はっ、んはあぁぁっ！」

じゅるじゅる、ぐちゅ、じゅぶじゅうっ……課長の口戯によって、私のそこはあられもない汁音を発しながらよがり悶えた。

「ああ、お、おれももうたまらなくなってきたよ……」

課長はそう言うと、私の下半身から口を離し身を起こして、せわしなくズボンを脱いだ。トランクスも脱ぐと、めいっぱい勃起したペニスが隆々と身を起こした。

「ああ、ま、待って、課長……」

すぐに入れようとするのを制して、私は自分のポーチからコンドームを取り出すと、課長のペニスに装着した。いつどこでヤルことになっても準備怠りなく……嫁入り前の娘のたしなみ（?）というものだ。

「ああ、真壁さん……ああ、あ、はっ、はっ、はっ……」

コンドームをまとったペニスでガンガン突いてくる課長……私もその抜き差しがもたらす衝撃と快感に身を揺さぶられ、性感が高まっていく。

「ひあっ……課長、課長っ……あっ、ああ、いい、いいのぉ……」

「んぐぅ……はう、うう……あ、真壁さん……おれもうっ……!」

次の瞬間、課長は射精し、私もオーガズムの境地に達していた。

課長との最初で最後のエッチはなかなかよくって、いい思い出作りができたんじゃないかと思う。

■右足を抱え上げ、丸見えになった私の穴に先生は巨大性器を突入させてきて……

息子の進学のためにブサイク教師に肉体奉仕する淫ら母心

投稿者　笠山美紗子（仮名）／38歳／専業主婦

夫とセックスレス三年になります。

仲の良いママ友だちに聞くと「ウチもそんなもんだよ」とか、「ウチはその倍の年数ヤッてないよ」とか言うので、こりゃまた驚きです。だって私たちまだ三十代なんですよ？　十分に若いんです。そりゃ二十代に比べれば肌ツヤは落ち、オッパイも垂れてきましたが、まだまだ女盛りなんです……。

「そんなことよりユーウツなのは、新しい担任だよぉ〜〜」

「なんでよりにもよってあんなハゲデブのブサイク教師になっちゃったんだろう」

私たちがつい愚痴ってしまったのは、子どもたちの小学校のことです。

五年生のクラス替えで、また同じ組になれたことを大喜びした息子の悠斗たち仲良し三人組が同時に「ゲッ、担任、鈴木じゃんっ」と叫んだそうです。

私も少なからずショックでした。だってそのヒトは学校内の名物とも呼べる、ハゲ・デブ・ブサイクの三拍子揃った教師だったのですから……私たち保護者のテンションもだだ下がりです。よほどのことがない限り、来年の六年生も持ち上がりでしょう。参観日だの懇談会だの、今後いったい何回、学校で会う羽目になるのかと思うと心底イヤになります。

ところが悠斗たちクラスの子どもはすぐに「鈴木先生、いいヤツ」とか言い始めました。授業は面白くて楽しいのだそうです。また、鈴木先生が顧問をしている柔道クラブが試合で勝ち進み、なんと県内のベスト8に入ったとかで、そのことも含めて子どもたちのみならず、運動クラブの保護者たちから信頼され、慕われるようになったみたいです。

でも、悠斗はクラブ活動はしていないので、私には全くピンときませんでした。四年生のとき「サッカークラブに入りたい」と言いましたが、私は悠斗にどうしても中学受験をさせたくてそれを認めませんでした。というより週四日の塾通いがあるために物理的にもクラブ活動は無理なのです。

「サッカーやりたいなら中学に上がってからね、S学園なら芝生のサッカー場だよ」

「ほんとー？　僕、勉強がんばるっ！」

第一志望のS学園は、この辺りでは有名な中高一貫の難関私立校です。少しでも気を抜くと絶対に合格できません。私は悠斗のモチベーションを上げるために時々S学園の情報をさりげなく小出しに話したりします。

ところが一学期の終わり、塾教室の二者面談で先生から「S学園は合格確率二十パーセント以下」と言われてしまいました。私はかなりヘコんで、帰り道にママ友に声をかけられたのにも気がつかないほど動揺していました。

「笠山さんったら、どうしたのよ？　何かあった？」

自分一人の胸のうちに抑えきれず、私はママ友に塾でのことを話しました。するとママ友はそ〜っと顔を近づけてきて、

「それはやっぱり鈴木先生に袖の下……なんじゃない？」

と言い、「えっ？」と……ママ友の言っている意味がさっぱりわかりません。

「え、知らなかった？　担任の鈴木先生って、S学園の理事長の息子だよ？」

「そうなのぉ〜〜〜〜!?」

私は、ここが商店街のど真ん中だということも忘れて叫んでしまいました。

「うん、いずれは継ぐんだろうけど、現場が好きだからという理由で公立小で教鞭とってるんだって」

その後の私の行動は実に早かったです。

　夕方、悠斗が塾へ行くのを玄関で見送ったあと、大急ぎで薄化粧を施し、そそくさと自宅を出ました。夏の夜とはいえ、すでに辺りは夕闇に包まれていて気が焦ります。

「どうかまだ鈴木先生が学校にいますように……」と祈るような気持ちで小走りしました。学校に着き、ふと見ると体育館の灯りがついています。（良かった、まだ柔道クラブの練習中なんだわ）息を整えながら体育館の扉を開け中に入ると、入れ違いにガタイのいい子どもたちが出てきました。訊くと、柔道クラブの練習は終わったけど先生は残っているとのことです。私の胸ははやりました。向かう場所はただ一つです。

（鈴木先生はシャワー室にいる！）女の勘が当たりました。鍵もかけずに鈴木先生は鼻歌まじりで豪快にシャワーを浴びていたのです。薄いシャワーカーテンを通して先生のアソコが黒々としているのを確認し、私は素早く身に着けているものを全て脱ぎ捨てました。シャッとカーテンを開けて入ると、鈴木先生は私を二度見して、

「あっ？　えっ？　えっ？　なっ？　なっ……なんなんですか？」

　プチパニックを起こしたようです。

「あ、あの、笠山悠斗の母です、こんばんは。あの……急いで来たもので汗をかいてしまって……私もシャワーを……」

　こんなに傍で鈴木先生を見たのは初めてですが、（うっ、マジでハゲでデブでブサ

イクなんだなぁ〜〜）と、あらためて再認識しました。ですが今は見た目などどうだっていいのです。顔を赤らめながらも私のことを拒絶せず、思いっきりおチン○ンを大きくしてしまってる先生に好感すら持てるくらいです。

「私に洗わせてください」私は即座にシャワーを止め、脇にあったボディソープをピュピュッとプッシュし、手のひらでこすって泡立たせ、それをおっ立ったおチン○ンに塗りたくりました。

「はぁ……はぁん…」子犬のような鳴き声で先生は私にされるがままになっています。私はしゃがみ込んで、ゆっくりやさしく丁寧に先生の竿を洗ってあげました。カリの部分がパンパンに張っています、私はソープの泡まみれの亀頭に、ついしゃぶりついてしまいました。

「んぐぁぁぁ〜〜〜！！」先生が腰を振ってイチモツをどんどん私の口の奥へと挿れてきます。「んぐぅ……」喉の奥まで到達しました。（なんてデカくて硬いの！）

デブのイチモツは小さいと噂で聞いたことがありますが、先生のは違っていました。でっぷりとした腹の下から突き出たおチン○ンは、昔、動物園で見た勃起した雄ロバの巨大性器そのものです。こんな立派なおチン○ン、今まで咥えたことないわ……そう思うと、ジワ〜ッとアソコが濡れてきてしまいました。ああ、口よりも私のマ○コに挿れてほしいです。

「先生、今度は私のカラダを洗ってください」

そう言うと、先生はいそいそとボディソープを私の胸に塗りたくり始めました。

「あ……ン！」大きな手で豪快に乳房を揉まれ快感が走りました。ソープのヌルヌルがこれまた凄くいいのです。先生の太い親指の腹はぐりぐりと私の乳首をこねくり回してきます。

「あああ～～んんん～～～」

同時に先生が乳房にしゃぶりついてきました。揉んでいた手は私の下半身に一直線です。私の股間はマン汁でヌメヌメ、先生の手はソープでヌルヌル……。

「んあああああ～～～……！」

くっちょくっちょと卑猥な音を立てながら、先生の指が私のマ○コをいじりまくっています。大きな指が割れ目を掻き分け、一気に膣の中に入ってきました。自然と腰がうごめいてしまいます。

「ハァハァ……先生のを……早く挿れてくだ……」

バスンッと、私をシャワー室の壁に押し付けたかと思うと、右足をヒョイと抱え上げ、丸見えになった私の穴に先生は巨大性器を突入させてきました。そしてゆっくり、

深々と抽送が始まり

「あああ～～っ！」

「オッ……オオッ……締め付けが……凄い！」

「先生の……いい……すごく大きいですぅ……」

先生は私のお尻をギュウッと鷲掴みにして、激しく腰を振り回しています。

バスンバスンと激しい抽送の音がシャワールームに響き渡ります。私のマ〇コは壊れそうです。でもそれ以上に悦楽の沼の中にはまっています。

（シャワールームで良かった……）だって私のアソコはスケベな汁で水浸しなんですもの。これがベッドの上だったら、完全おねしょ状態だったでしょう。

「あああ～……もっとマ〇コ突いてぇ～～……ぐちょぐちょにしてぇ～」

夫にも言ったことのない淫らな言葉を叫んでいました。立ったまんま片足上げて性交したことも、もちろん今まで一度もありません。

エクスタシーがこんなによいものだとは知りませんでした。いえ、もう三年もセックスしてないのです。すっかり忘れてしまっていました。

先生もすぐにあとから絶頂を迎え、私たちはしばらくそこで抱き合ったままでいました。

「これからも、会ってもらえますよね？」そう囁くと、

「も、もちろんですよ」と先生は笑顔で答えてくれました。

（やった！）。

なんたって鈴木先生はS学園の理事長の息子なのです、これはコネ作りです。袖の下（どれくらいのお金をいうのかはわかりませんけど）は、あいにく用意できそうにないので、ここはひとつ先生に色仕掛けで迫ってメロメロにさせようと思います。それで「ねぇ、お父様に頼んで悠斗を入学させてぇ」とお願いするのです。

ええ、きっとうまくいきます。先生を愛の奴隷にしてみせます。

と、そう思っていたんですが、数か月後には私のほうが骨抜きにされ、快楽の奴隷となって先生に身を捧げてしまっています。

だって先生のセックスって最高なんですもの。時々失神しそうになるほどのオーガズムを迎えることもあるくらいです。

ハゲデブのブサイクですが、男の価値は見た目じゃないですね。ふふふ……。

■私は近藤さんの男性器とタマをしゃぶり、頰張りながら、思わず喘いでしまい……

リストラ判定人の肉奴隷になって仕事を死守した私！

投稿者　岡田香澄（仮名）／30歳／デパート勤務

私はデパートの紳士用品売り場で働いています。新卒で入社して今年で勤続七年目、まあまあのベテランの域に入ってきたというところでしょうか。売り場主任のポストを任されスタッフからの信頼も厚く、やりがいを感じられる充実した毎日です。恋人もいて、「そろそろ結婚を……」と言われていますが、今は仕事をもっとがんばりたいからと言って、申し訳ないけど先延ばしにしてる感じです。

でもついこの間、そんな私の生活を大きく揺さぶりかねない事態が！

なんとリストラ話が浮上してきたのです。

たしかに今、デパート業界を取り巻く状況がすごく厳しいのは重々承知してはいましたが、正直、まさか自分にそれが関わってくるとは思いもしませんでした。

『三十歳前後の女子社員をパートに切り替える』な、なんで〜⁉　という感じです。

そして、そのリストラ対象者を誰にするかを決めるべく、本部から判定人（ジャッジ）がやってくることになりました。一週間に渡ってデパート内を巡回・視察して、リストラ対象候補者の勤務態度や状況をチェック、その結果と印象を本部に持ち帰って検討し、最終的にクビになる人間を決めるのです。

さて、誰が見ても明らかかな勤務態度なんかはわかりやすくていいですが、問題はこの〝印象〟というやつです。言い換えれば〝人となり、人間力〟みたいなもので、見る人によって変わってくるであろう、すごくあいまいなもの……。私の運命はいったいどうなっちゃうんだろう？　まさに戦々恐々状態でした。

そしていよいよ、ジャッジの近藤さん（四十二歳）がやってきました。いかにも神経質そうな、細身で気難しそうな感じの人でした。一週間に渡って、こんな人にあれこれと品定めされるのかと思うと、思わず怖気を感じてしまいました。

近藤さんの気配に怯え、その言動に神経をとがらせて……そんな心労と消耗の日々が過ぎていきました。

そうこうするうち、近藤さんがやってきてから六日目を迎え、私は突然、急遽しつらえられた彼の個室に呼びつけられました。

（えっ、なんで？　皆、こうやって呼ばれてるの？　もしかして私だけ？）

気が気でない思いを抱えながら、私はノックして入室しました。近藤さんに椅子に掛けるよう言われ、でも彼は座らずに、座った私の周囲をぐるぐると歩き回り始めました。ああ、落ち着かない……。

と、座った私の背後にいる近藤さんが唐突に話し始めました。

「単刀直入に言いましょう。この六日間で私が調べさせてもらった結果、最終リストラ候補者として残ったのは、あなたを含めて全部で三人です」

私はザーッと血の気が引くのを感じました。対象者は全部で十人いるはず。ああ、その中で絞り込まれた三人に入ってしまった……。

「最終的にリストラされるのは二人です。あと一人は生き残れるわけです。あなたは生き残りたいですか？」

突然、質問を投げかけられ、私はびくっとしました。でも、すぐに気を取り直し、必死で答えました。

「もちろんです！　このままここで働きたいです！　私はこれまで、本当に一生懸命このデパートのために尽くしてきたつもりです。本当は、なぜ今ここに座らされているのかさえ理解できません」

するときと、近藤さんの妙にやさしい声が背後から聞こえてきました。

「うん、そうですね。世の中、理不尽ですね。でも、それが現実だ。たとえ納得できなくても、あなたはその意向に従わざるを得ない」

私は思わず涙をこぼしてしまいました。

「でも、実質最終ジャッジ権を握っているのは私だ。私のことを悦ばせてくれれば、リストラ候補から外す、と言われたら、あなた、私のいうことが聞けますか？」

最初、近藤さんが何を言っているのかわかりませんでした。

でも、次の瞬間、すべてを悟りました。

近藤さんは、回転椅子をくるっと回して私の体を自分のほうに向かせると、ズボンのチャックを下ろして男性器を取り出し、私の顔に突き付けてきたのです。

「さあ、どうです、しゃぶれますか？」

そう問われ、私は覚悟を決めました。

「……はい、もちろんです」

そう言うと、まだだらんとした近藤さんの男性器を手にとって口に含み、舐め始めました。亀頭の縁のつるんとしたエッジを舌でレロレロと舐めなぞり、くちゅくちゅとつばを含ませながら吸いたてました。そうすると、男性器はむくむくと肥大化し、太い血管を浮き立たせながら、硬く反り返ってきました。

「あ……うむ……いい感じです。さあ、そのままタマも口に含んで。ああ、そう……もっと激しく転がして……んんっ、ふむぅ……」

近藤さんはさも気持ちよさげに呻きながら、手を伸ばして私の制服のボタンを外し、前をはだけるとブラの上側の隙間をこじ開けてナマ乳房に触れてきました。そしてくにゅくにゅと揉みしだきつつ、指先を器用に使って乳首を弾くようにいじくってきました。びん、びびん、と、快感の震えが走りました。

「あ……は、はう……んふっ、うふぅ……」

私は近藤さんの男性器とタマをしゃぶり、頬張りながら、思わず喘いでしまいました。最近ちょっとエッチとご無沙汰だったのも、よくなかったようです。自分で思っている以上に近藤さんの行為に感じ、反応してしまっていたのです。

「はあ、どうやらあなたのカラダもすいぶん悦んでいるようだ。相思相愛ならなおよし。一緒に気持ちよくなりましょう」

近藤さんはそう言うと私を椅子から立たせ、お尻を自分のほうに向けさせる格好で脇のデスクに両手をつかせました。そして私のスカートをめくり上げ、ストッキングと下着を足首のところまで引き下げると、剥き出しになった女性器を指でいじくってきました。ぬちゅぬちゅ、ぐちゅぐちゅ……そうやって十分に潤ってきたところで、ぴたり……と、勃起した男性器を当てがってきました。

「じゃあ、入れますよ。くれぐれも声は抑えめにね」

そう言うや否や、ぐぐぐっと、バックから硬い肉感がめり込んできました。

「あ、あああ、はぁぁ……」

「おう、こりゃいい、このまとわりつくような粘着感……たまらないなあ。これぞ三十路女の熟れた魅力だ……はぁ、はっ、はっ、はっ……」

「あっ、ああん、あっ、あっ、あっ……ん！」

近藤さんは五分ほど抜き差しを繰り返したあと、熱い放出を私のお尻に向けてほとばしらせ、私も同時に絶頂を迎えていました。

結果、私はリストラを免れました。今も変わらず売り場主任として辣腕を振るわせてもらっています。あとで聞いたら、残り二人の最終リストラ候補者は誘いを断ってしまったおかげで、この職場を去ることになったようです。

私としては、気持ちいい思いをさせてもらったうえに仕事まで続けさせてもらって、近藤さんに感謝することしきりなのですけどね。

素人手記
卒業の時には、蜜内で出してね――
春の一期一会絶頂体験記

２０２０年４月２７日　初版第一刷発行

発行人　後藤明信
発行所　株式会社　竹書房
〒102-0072　東京都千代田区飯田橋2-7-3
電話　03-3264-1576（代表）
03-3234-6301（編集）
ホームページ：http://www.takeshobo.co.jp
印刷所　中央精版印刷株式会社
デザイン　株式会社　明昌堂
本文組版　ＩＤＲ

定価はカバーに表示してあります。
乱丁・落丁の場合は小社までお問い合わせください。
ISBN 978-4-8019-2231-0 C0193
Printed in Japan

※本書に登場する人名・地名等はすべて架空のものです。